여행이 ★ 즐거워지는 ★

일본어

창
Chang
Books

차례

1

써 ★ 먹 ★ 는 표현

이거 주세요.

어디예요?

어떻게 가요?

얼마예요?

써
카이떼
書いて

읽어
요ㄴ데
読んで

가르쳐
오시에떼
おしえて

도와
테쯔다ㄷ떼
てつだって

열어
아 께 떼
開けて

닫아
시메떼
しめて

와
키 떼
来て

세워
토메떼
とめて

가져와
모ㄷ떼 키떼
もって 来て

주세요.
쿠 다 사 이
ください。

식사하고
쇼꾸지오 시
しょくじを し

화장실에 가고
토이레니 이끼
トイレに 行き

호텔에 돌아가고
호테루니 모도리
ホテルに もどり

사진 찍고
샤 시ㅇ 오 토리
しゃしんを とり

선물을 사고
오미야게오 카이
おみやげを 買い

쉬고
야스미
やすみ

+

싶어요.
따이노데스가
たいのですが。

봐도
미떼모
見ても

앉아도
스와ㄷ떼모
すわっても

들어가도
하이ㄷ떼모
はいっても

창문 열어도
마도오 아께떼모
まどを 開けても

담배 피워도
타바코오 스ㄷ떼모
タバコを すっても

입어 봐도
키떼 미떼모
着て みても

만져 봐도
사와ㄷ떼 미떼모
さわって みても

사진 찍어도
샤시ㅇ오 토ㄷ떼모
しゃしんを とっても

열어 봐도
아께떼 미떼모
開けて みても

되요?
이 이 데 스 까
いいですか。

화장실
토이레
トイレ

출입구
데이리구치
でいりぐち

안내소
이ㅇ훠ー메ー쇼ㄴ
インフォーメーション

엘리베이터
에레베ー타ー
エレベーター

공중전화
코ー슈ー 데ㅇ와
こうしゅうでんわ

역
에끼
えき

편의점
코ㅁ비니
コンビニ

버스정류장
바스떼ー
バスてい

택시 타는 곳
타쿠시ー 노리바
タクシー のりば

＋

어디예요?
도꼬데스까
どこですか。

길을 잃었어요.
미치니 마요이마시따
みちに まよいました。

가까운 전철역이 어디예요?
이치방 치까이 에끼와 도꼬데스까
いちばん ちかい えきは どこですか。

※ 지도를가리키며

여기가 어디예요?
코꼬와 도꼬데스까
ここは どこですか。

여기에 가고 싶은데요.
코꼬니 이끼따이노 데스가
ここに 行きたいの ですが。

거기까지 어떻게 가요?
소꼬마데 도-야ㄷ떼 이끼마스까
そこまで どうやって 行きますか。

전철로
데ㄴ샤데
でんしゃで

택시로
타쿠시ー데
タクシーで

버스로
바스데
バスで

배로
후네데
ふねで

걸어서
아루이떼
あるいて

가요.
이끼마스
行きます。

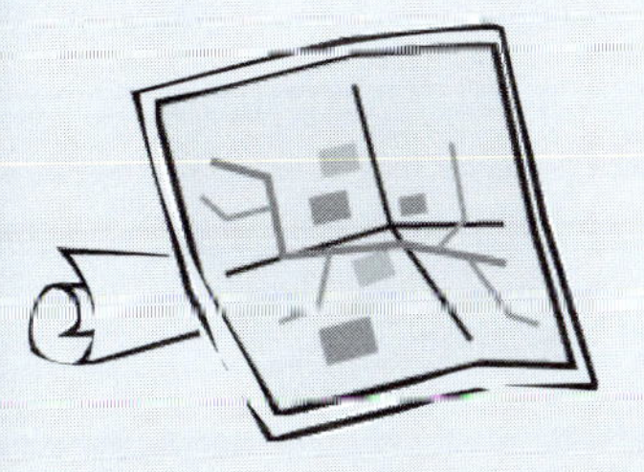

관광지도
가이도 마ㅂ푸
ガイド マップ

티슈
티ㅅ슈
ティッシュ

손수건
하ㅇ카치
ハンカチ

생수
미네라루워– 타–
ミネラルウォーター

볼펜
보–루페ㄴ
ボールペン

우산
카사
かさ

엽서
하가키
ハガキ

건전지
바ㄷ테리
バッテリ

칫솔
하부라시
はブラシ

+

있어요?
아 리 마 스 까
ありますか。

이건
코레와
これは

그건
소레와
それは

저건
아레와
あれは

+

뭐예요?
나ㄴ데스까
なんですか。

한 개
히또쯔
ひとつ

전부
제ㅁ부데
ぜんぶで

+

얼마예요?
이꾸라데스까
いくらですか。

한 잔
이ㅂ빠이
いっぱい

두 잔
니하이
にはい

세 잔
사ㅁ바이
さんばい

네 잔
요ㅇ하이
よんはい

다섯 잔
고하이
ごはい

맥주 한 병
비-루 이ㅂ뽄
ビール いっぽん

라면 한 그릇
라-메ㄴ 히또쯔
ラーメン ひとつ

소고기덮밥
규 - 도ㄴ
ぎゅうどん

얼음물
오히야
おひや

1인분
이치니ㅁ마에
いちにんまえ

2인분
니니ㅁ마에
ににんまえ

3인분
사ㄴ니ㅁ마에
さんにんまえ

4인분
요니ㅁ마에
よにんまえ

5인분
고니ㅁ마에
ごにんまえ

주세요.
쿠다사이
ください。

2

기초 회화

인사하기
자기소개
감사와 사과
대답과 맞장구
부탁하기

안녕하세요? (아침)

안녕하세요? (낮)

안녕하세요? (저녁)

처음 뵙겠습니다.

잘 지내요?

おはよう [오하요-] 안녕?(아침)
おやすみ [오야스미] 잘 자
元気？ [겡끼] 잘 지내?
うん、元気 [응, 겡끼] 응, 잘 지내.
ひさしぶり [히사시부리] 오랜만이야.

오 하 요 - 고 자 이 마 스
おはよう ございます。

코 ㄴ 니 치 와
こんにちは。

코 ㅁ 바 ㅇ 와
こんばんは。

하 지 메 마 시 떼
はじめまして。

오 게 ㅇ 끼 네 스 까
おげんきですか。

예, 잘 지내요.

오랜만이에요.

실례합니다.

안녕히 가세요(계세요).

안녕히 주무세요.

살펴 가세요.

에- 게ㅇ끼데스
ええ、げんきです。

오히사시부리데스
おひさしぶりです。

시쯔레이시마스
しつれいします。

사요-나라
さようなら。

오야스미 나사이
おやすみ なさい。

오끼오 쯔께떼
お気を つけて。

저는 ~라고 합니다.

한국에서 왔어요.

일본은 처음이에요.

무슨 일 하세요?

대학생이에요.

韓国人 [캉꼬꾸진] 한국인
日本人 [니혼진] 일본인
中国人 [츄-고꾸진] 중국인
アメリカ人 [아메리카진] 미국인

学生 [각세-] 학생
会社員 [카이샤인] 회사원
公務員 [코-무인] 공무원
デザイナ- [데자이나-] 디자이너

와따시와 ~또 이이마스
わたしは ~と いいます。

카ㅇ꼬꾸까라 키마시따
かんこくから 来ました。

니호ㅇ와 하지메떼데스
にほんは はじめてです。

오시고또와 니ㄴ데스까
おしごとは なんですか。

다이가꾸세-데스
だいがくせいです。

취미는 뭐예요?

취미는 여행이에요.

무슨 전공이세요?

일본문학을 공부하고 있어요.

한국에 가보셨어요?

어떤 영화 좋아하세요?

슈미 와 나ㄴ데스까
しゅみは なんですか。

슈미 와 료꼬- 데스
しゅみは りょこうです。

세ㅇ꼬- 와 나ㄴ데스까
せんこうは なんですか。

니호ㄴ노 부ㅇ가꾸오 베ㅇ꾜-시떼 이마스
にほんの ぶんがくを べんきょうして います。

카ㅇ꼬꾸니 이ㄷ따 코또가 아리마스까
かんこくに 行った ことが ありますか。

도ㄴ나 에-가가 스끼데스까
どんな えいがが すきですか。

감사합니다.

고마워요.

천만에요.

미안합니다.

죄송합니다.

ありがとう [아리가또] 고마워.
ごめん [고멘] 미안.
遅れる [오쿠레루] 지각하다

아 리 가 또 – 고 자 이 마 스
ありがとう ございます。

도 – 모 아 리 가 또 –
どうも ありがとう。

도 – 이 따 시 마 시 떼
どう いたしまして。

스 미 마 세 ㄴ
すみません。

모 – 시 와 께 아 리 마 세 ㄴ
もうしわけ ありません。

늦어서 미안해요.

괜찮아요.

저야말로.

신세 많이 졌습니다.

덕분이에요.

수고하셨습니다.

오꾸레떼 고메ㄴ나사이
おくれて ごめんなさい。

다이죠- 부데스
だいじょうぶです。

코치라꼬소
こちらこそ。

오세와니 나리마시따
おせわに なりました。

오까게시미데
おかげさまで。

오쯔까레사마데시따
おつかれさまでした。

예.

아니오.

알았어요.

모르겠어요.

좋네요.

すてき [스떼키] 멋있다
すごい [스고이] 대단하다
楽しい [타노시이] 즐겁다
面白い [오모시로이] 재있다

気持ち悪い [기모치와루이] 혐오스럽다
いい [이이] 좋다
悪い [와루이] 나쁘다
かわいい [카와이이] 귀엽다

하 이

はい。

이 이 에

いいえ。

와 까 리 마 시 따

わかりました。

와 까 리 미 세 ㄴ

わかりません。

이 이 데 스 네

いいですね。

싫어요.

거절합니다.

멋있어요.

대단해요!

그래요.

그래요?

이야데스
いやです。

오꼬또와리 시마스
おことわり します。

스떼끼데스네
すてきですね。

스고이
すごい!

소 – 데스   소 – 나ㄴ데스
そうです。 / そうなんです。

소 – 데스까   소 – 나ㄴ데스까
そうですか。 / そうなんですか。

부탁하기

잘 부탁드립니다.

좀 도와주시겠어요?

죄송해요. 못 들었어요.

좀 천천히 말해 주세요.

한 번 더 말해 주세요.

부탁하기

書く [카꾸] 쓰다
聞く [키꾸] 듣다
ゆっくり [육꾸리] 천천히
早く [하야꾸] 빨리
話す [하나스] 말하다

よろしくね。
[요로시꾸네] 잘 부탁해.
ちょっと待って。
[초ㄷ또맏떼] 잠깐 기다려.

도－조 요로시꾸 오네가이시마스
どうぞ よろしく おねがいします。

쵸ㄷ또 데쯔다ㄴ떼 쿠레마스까
ちょっと てつだって くれますか。

스미마세ㄴ 키꼬에마세ㄴ데시따
すみません。 きこえませんでした。

모ㄷ또 유ㄱ꾸리 하나시떼 쿠다사이
もっと ゆっくり はなして ください。

모－이치도 하나시떼 쿠다사이
もういちど はなして ください。

여기에 써 주세요.

잠깐 기다려 주세요.

이것 좀 가르쳐 주세요.

조용히 해 주세요.

뭐 좀 물어봐도 될까요?

잠깐 시간 좀 내주실래요?

코꼬니 카이떼 쿠다사이
ここに かいて ください。

쵸ㄷ또 마ㄷ떼 쿠다사이
ちょっと まって ください。

코레오 오시에떼 쿠다사이
これを おしえて ください。

시즈까니 시떼 쿠다사이
しずかに して ください。

쵸ㄷ또 키이떼모 이이데스까
ちょっと きいても いいですか。

쵸ㄷ또 요로시이데스까
ちょっと よろしいですか。

여권	해외여행의 필수품. 사진이 있는 면과 비자부분은 복사해 둔다.
항공권	출국과 귀국날짜, 노선, 유효기간을 확인해 두고 복사본을 보관한다.
한국돈	입·출국시의 왕복교통비와 식사비 정도.
현지돈	교통비 · 간식비 · 입장료 등의 소액지출용.
신용카드	신분증명 및 만일의 경우에 대비.
여행자수표	현금과의 비율은 7:3 정도가 적당하다.
여행자보험증	패키지 여행일 경우는 별도로 챙기지 않아도 됨.
국제운전면허	렌터카로 여행할 사람은 국내면허증과 함께 가져간다.
소형 계산기	환율계산이나 예산산출에 요긴하게 쓰인다.
예비용 사진	여권분실 등 만일을 대비해 2~3장 정도 준비.
필기구와 수첩	여권, 신용카드, 현지 주요기관 등의 번호를 적는다.
카메라	일본은 100V이므로 충전시 주의.
사전과 회화집	간편한 것으로 준비한다.

3

출입국

출발

기내서비스

짐 찾기

세관

탑승권을 보여주시겠어요?

내 자리 어디예요?

여기 제 자리예요.

지나가도 될까요?

안전벨트를 매세요.

搭乗券 [토-죠-껜] 탑승권
乗務員 [죠-무인] 승무원
窓側 [마도가와] 창측
通路側 [쯔-로가와] 통로측

離陸 [리리꾸] 이륙
着陸 [챠꾸리꾸] 착륙
雑紙 [잣시] 잡지
シートベルト [시-토베루토] 안전벨트

토 - 죠 - 께 ○ 오　미세떼쿠다사이
とうじょうけんを　みせてください。

와 따 시 노 세 끼와　도 꼬 데 스 까
わたしの　せきは　どこですか。

코 꼬 와　와 따 시 노　세 끼 데 스
ここは　わたしの　せきです。

토 오 ㄷ 떼 모 이 이 데 스 까
とおっても　いいですか。

시 - 토 베 루 토 오　오 시 메 쿠 다 사 이
シートベルトを　おしめください。

기내 서비스

담요 주세요.

베개 주세요.

어떤 음료가 있나요?

커피 좀 더 주시겠어요?

물 좀 부탁해요.

毛布 [모-후] 담요	ワイン [와인] 와인
イヤホン [이야혼] 이어폰	ジュース [쥬-스] 주스
お茶 [오챠] 차	ビール [비-루] 맥주
紅茶 [코-챠] 홍차	水 [미즈] 물

모 – 후 오 쿠 다 사 이
もうふを ください。

마 꾸 리 오 쿠 다 사 이
まくらを ください。

도 ㄴ 나 노 미 모 노가 아 리 마 스 까
どんな のみものが ありますか。

고 – 히 – 노 오 까 와 리오 쿠 다 사 이
コーヒーの おかわりを ください。

오 미 즈 오 오 네 가 이 시 마 스
おみずを おねがいします。

짐을 어디에서 찾나요?

내 짐이 없어졌어요.

어느 비행기로 오셨어요?

수하물 표는 가지고 있나요?

이쪽으로 연락주세요.

カート [카-토] 짐수레
クレームタッグ [쿠레-무탁구] 수하물표
スーツケース [스-츠케-스] 여행가방
手荷物受取所 [테니모쯔우께또리죠] 수하물수취소

테니모쯔와 도꼬데 우께또리마스까
てにもつは どこで うけとりますか。

와따시노 니모쯔가 미이따라나이ㄴ데스가
わたしの にもつが みあたらないんですが。

도노 비ㅇ오 리요-사레마시따 까
どの びんを りようされましたか。

쿠레-무타ㄱ구와 오모찌데스 까
クレ-ムタッグは おもちですか。

코찌라니 레ㄴ라꾸시떼쿠다사이
こちらに れんらくしてください。

신고할 물건이 있나요?

없어요.

가방을 열어 주세요.

이것은 세금을 내야 합니다.

이건 선물할 거예요.

세관

酒 [사께] 술 ウイスキー [우이스키-] 위스키
時計 [토께-] 시계 おみやげ [오미야게] 선물
香水 [코-스이] 향수 税関 [제-깐] 세관
タバコ [타바코] 담배 申告 [싱꼬꾸] 신고

나니까 시ㅇ꼬꾸스루 모노가 아리마스까
なにか しんこくする ものが ありますか。

아 리 미 세 ㄴ
ありません。

카 바 ㅇ 오 아 께 떼 쿠 다 사 이
かばんを あけて ください。

코 레 와 카 제 - 또 나 리 미 스
これは かぜいと なります。

코 레 와 오 미 야 게 데 스
これは おみやげです。

◆ 공항에 내리면 입국심사·세관으로 나뉘는 입국 절차를 거치게 된다. 입국심사는 여권과 비자가 유효한 것인가를 검사받는 과정으로, 외국인 전용 입국심사대로 가 비행기 안에서 작성한 입국신고서를 여권과 함께 제출한다. 입국목적·체류기간·체류장소 등을 묻는 경우가 있으니 대답을 미리 준비해 두는 것이 좋다.

◆ 입국심사대를 통과하면, 타고 온 항공편을 전광판에서 확인하고 수하물 수취소에서 짐을 찾는다. 짐을 못 찾았을 때는 수하물 인환증을 직원에게 보여준다.

◆ 세관을 통과할 때는 신고해야 할 물품을 세관신고서에 기입한다. 술·담배·향수 등의 품목들이 세관 신고 대상이 되는데, 대량반입이 아닌 경우 대부분 면세로 통과된다.

◆ 환전은 호텔이나 은행에서도 할 수 있지만, 현금이 즉시 필요한 경우가 있으니 공항의 환전소에서 조금 환전해 두는 것이 좋다.

4

숙박

체크인

프런트에서

객실에서

문제가 생겼을 때

체크아웃

예약을 해두었는데요.

빈 방 있어요?

전망이 좋은 방으로 부탁해요.

하룻밤에 얼마예요?

아침 식사 포함이에요?

見晴らし [미하라시] 전망　　　　ホテル [호테루] 호텔
朝食 [쵸-쇼꾸] 아침식사　　　　旅館 [료깐] 여관
シングルルーム [싱구루루-무] 싱글룸　　チェックイン [첵쿠인] 체크인
ダブルルーム [다부루루-무] 더블룸　　チェックアウト
ツインルーム [츠인루-무] 트윈룸　　[첵쿠아우토] 체크아웃

요야꾸오 시떼 아리마스
よやくを して あります。

아이따 헤야와 아리마스까
あいた へやは ありますか。

미하라시가 이이 헤야데 오네가이시마스
みはらしが いい へやで おねがいします。

히또바ㄴ 이꾸라데스까
ひとばん いくらですか。

쵸-쇼꾸 쯔끼데스까
ちょうしょくつきですか。

여권을 보여주세요.

여기에 써 주시겠어요?

감사합니다. 504호실입니다.

체크아웃은 몇 시예요?

키는 여기 있습니다.

짐을 들어 주시겠어요?

파스포-토오 오미세 쿠다사이
パスポートを お見せ ください。

코꼬니 고끼뉴- 쿠다사이
ここに ごきにゅう ください。

아리가또- 고자이마스 고제로욕 고-시쯔데스
ありがとう ございます。504 ごうしつです。

체ㄱ쿠 아우토와 나ㄴ지데스까
チェック アウトは なんじですか。

카기와 교치라데스
かぎは こちらです。

니모쯔오 하꼬ㄴ데 모라에마스까
にもつを はこんで もらえますか。

영어 하세요?

귀중품을 맡기고 싶은데요.

옷을 찾고 싶은데요.

레스토랑은 몇 층이에요?

인터넷을 이용할 수 있어요?

英語 [에-고] 영어　　電話 [뎅와] 전화
韓国語 [캉꼬꾸고] 한국어　　何階 [낭가이] 몇 층
日本語 [니홍고] 일본어　　貴重品 [키쵸-힌] 귀중품
インターネット [인타-네ㄷ토] 인터넷　　両替 [료-가에] 환전
エアメール [에아메-루] 항공우편　　メッセージ [멧세-지] 메시지

에 - 고가 데끼마스까
えいごが できますか。

키쵸-히ㅇ 오 아즈께타이ㄴ데스가
きちょうひんを あずけたいんですが。

후꾸오 카에시떼 이따다끼따이ㄴ데스가
ふくを かえして いただきたいんですが。

레스토라ㅇ와 나ㅇ가이데스까
レストランは なんがいですか。

이ㄴ타-네ㄷ토 사-비스와 아리마스까
インターネット サービスは ありますか。

한국에 전화하고 싶은데요.

이것을 항공우편으로 보내고 싶어요.

환전 가능해요?

내일 아침까지 되나요?

근처에 한국음식점이 있나요?

제 앞으로 메시지가 있나요?

카ㅇ꼬꾸에 데ㅇ와오 카께따이ㄴ데스가
かんこくへ でんわを かけたいんですが。

코레오 에아메-루데 오꾸리따이ㄴ데스가
これを エアメールで おくりたいんですが。

료 - 가 에 오 오네가이 데끼마스까
りょうがえを おねがい できますか。

아시따노 아사마데니 데끼마스까
あしたの あさまでに できますか。

지까꾸니 카ㅇ꼬꾸 료 - 리떼ㅇ가 아리마스까
ちかくに かんこくりょうりてんが ありますか。

와따시아떼니 메ㅅ세-지가 토도이떼 이마세ㅇ까
わたしあてに メッセージが とどいていませんか。

여보세요, 315호실입니다.

룸 서비스 부탁해요.

구두를 닦고 싶어요.

세탁 좀 부탁해요.

(노크소리) 누구세요?

シート [시-토] 시트	まくら [마꾸라] 베개
タオル [타오루] 수건	布団 [후통] 이불
毛布 [모-후] 담요	靴 [쿠쯔] 구두
クリーニング [쿠리-닝구] 세탁	コーヒー [코-히-] 커피
テーブル [테-부루] 테이블	氷 [코오리] 얼음

모시모시 상이치고 고-시쯔데스
もしもし、315 ごうしつです。

루-무 사-비스오 오네가이시마스
ルーム サービスを おねがいします。

쿠쯔오 미가끼따이데스
くつを みがきたいです。

쿠리-니○구오 오네가이시마스
クリーニングを おねがいします。

도나따데스까
どなたですか。

객실에서

룸 서비스가 아직 안 왔어요.

샌드위치와 커피 부탁해요.

테이블 위에 놓아주세요.

얼음 좀 주세요.

모닝콜 해주세요.

아침 8시에 식사를 부탁해요.

루−무 사−비스가 마다 키떼 이마세ㄴ
ルーム サービスが まだ 来て いません。

사ㄴ도이ㅅ치또 코−히− 오네가이시마스
サンドイッチと コーヒー おねがいします。

테−부루노 우에니 오이떼 쿠다사이
テーブルの うえに おいて ください。

코 오 리가 호 시 이 ㄴ 데 스 가
こおりが ほしいんですが。

모−니ㅇ구 코−루오 오네가이시마스
モーニング コールを おねがいします。

아사 하치지니 쵸−쇼꾸오 오네가이시마스
あさ 8時に ちょうしょくを おねがいします。

문제가 생겼을 때

저기요, 죄송한데요.

무슨 일이시죠?

방에 키를 두고 나왔어요.

불이 안 들어와요.

화장실이 고장났어요.

電灯 [덴또-] 전등	クーラ [쿠-라] 에어컨
鍵 [카기] 키	クロゼット [쿠로제ㄷ토] 옷장
トイレ [토이레] 화장실	ドライヤー [도라이야-] 드라이기
便器 [벵끼] 변기	ひげそり [히게소리] 면도기
ふろ [후로] 욕조	テレビ [테레비] 텔레비전

아 노 - 　 스 미 마 세 ㅇ 가

あのう、すみませんが。

나 니 까　 고 요 - 데 스 까

なにか　ごようですか。

헤 야 니　 카 기 오　 와 스 레 마 시 따

へやに　かぎを　わすれました。

아 까 리 가　 쯔 끼 마 세 ㄴ

あかりが　つきません。

토 이 레 가　 코 와 레 떼　 이 마 스

トイレが　こわれて　います。

뜨거운 물이 안 나와요.

에어컨이 안 들어와요.

빨리 해주세요.

방을 바꿔주세요.

의사를 불러주세요.

시트를 갈아주세요.

오유가 데마세ㄴ
おゆが でません。

쿠ー라가 코와레떼 이마스
クーラが こわれて います。

하야꾸 시떼 쿠다사이
はやく して ください。

헤야오 카에떼 쿠다사이
へやを かえて ください。

이샤 오 요ㄴ데 쿠다사이
いしゃを 呼んで ください。

시ー토오 카에떼 모라에마스까
シートを かえて もらえますか。

체크아웃 부탁해요.

짐을 내려다 주세요.

카드로 계산할게요.

이 카드 사용 가능해요?

이건 무슨 요금이에요?

荷物 [니모쯔] 짐　　　　一泊 [입빠꾸] 1박
レシート [레시-토] 영수증　　二泊 [니하꾸] 2박
タクシー [타쿠시-] 택시　　預かる [아즈까루] 맡다
忘れる [와스레루] 잊다　　運ぶ [하꼬부] 옮기다

체ㄱ쿠 아우토오 오네가이시마스
チェック アウトを おねがいします。

니모쯔오 하꼬ㄴ데 쿠다시이
にもつを はこんで ください。

카ー도데 오네가이시마스
カードで おねがいします。

코노 카ー도 쯔까에마스까
この カード つかえますか。

코노 세ー뀨ー 와 나ㄴ데스까
この せいきゅうは なんですか。

계산이 잘못된 것 같은데요.

영수증 주세요.

택시 좀 불러주세요.

방에 두고 온 물건이 있는데요.

하루 더 연장하고 싶어요.

5시까지 짐을 좀 맡아주세요.

케ー사ㅇ가 마찌가ㄷ떼 이마세ㅇ까
けいさんが まちがって いませんか。

레시ー토오 오네가이시마스
レシートを おねがいします。

타쿠시ー오 요ㄴ데 쿠다시이
タクシーを 呼んで ください。

헤야니 와스레모노오 시따ㄴ데스가
へやに わすれものを したんですが。

모ー 이ㅂ빠꾸 에ㄴ쵸ー 시따이ㄴ데스
もう いっぱく えんちょうしたいんです。

고지마데 니모쯔오 아즈까ㄷ떼 쿠다사이
5時まで にもつを あずかって ください。

일본인들은 하루 일과가 끝나고 나서 따뜻한 욕조에 들어가기를 좋아한다. 그리고 온천 또한 정말 좋아하는데, 일본은 전국 어디를 가나 온천이 있다. 지역과 장소에 따라 소규모 온천장도 있고 호텔이나 개인이 운영하는 시설 좋은 온천장도 있다. 온천지에서는 유까따를 입는데, 이는 키모노의 일종으로 주로 평상복으로 입던 간편한 옷이다. 또한 곳곳에 전통적인 일본의 타따미방으로 꾸며진 료칸(일본식 전통여관으로서 일반적인 한국의 여관과는 다른 고급숙소)이 있는데, 이곳에서 최고의 서비스를 제공받으며 온천물에 몸을 담그면 심신의 피로가 눈녹듯이 풀린다.

일본의 온천명소

別府 벱뿌

오이따현에 위치한 벱뿌 시내에 들어서면 산과 도시에서 온천 수증기가 피어오르는 장관을 볼 수 있다. 한국에도 잘 알려진 벱뿌는 일본의 유명 온천 중에서도 수량이 많고 약효가 뛰어나 매년 1,500만 명의 관광객이 찾는다. 벱뿌의 온천은 다양한 약효와 특성을 지닌 8개의 온천으로 이루어져 있어 '벱뿌 8탕'이라고 불리며, 그 중에 자신의 체질과 몸 상태에 맞는 온천을 골라 이용할 수 있다.

5

식 사

정보입수

음식점에서

식사중에

술집에서

찻집에서

계산

배가 고파요.

일본요리를 먹고 싶어요.

조용한 음식점이 좋겠네요.

좋은 음식점을 소개해 주세요.

예약할 수 있어요?

洋食 [요-쇼꾸] 양식		ご飯 [고한] 밥	
中華料理 [츄-까료-리] 중식		パン [판] 빵	
和食 [와쇼꾸] 일식		鶏肉 [토리니꾸] 닭고기	
韓国料理 [캉꼬꾸료-리] 한식		魚 [사까나] 생선	
デザート [데자-토] 후식		丼 [돔부리] 덮밥	

오나까가 스이떼 이마스

おなかが すいて います。

와쇼꾸가 타베따이데스

わしょくが 食べたいです。

시즈까나 후ㅇ이끼노 료−리떼ㅇ가 이이데스

しずかな ふんいきの りょうりてんが いいです。

이이 료−리테ㅇ오 쇼−까이시떼 쿠ㅏ사이

いい りょうりてんを しょうかいして ください。

요야꾸 데끼마스까

よやく できますか。

약도를 그려 주시겠어요?

여기서 걸어갈 수 있어요?

이곳 특유의 요리를 먹고 싶어요.

싸고 맛있는 가게를 알려주세요.

몇 시까지 영업해요?

맛있는 초밥집 있어요?

랴꾸즈 오 카이떼 모라에마스까
りゃくずを 書いて もらえますか。

코꼬까라 아루이떼 이끼마스까
ここから あるいて 行けますか。

코꼬노 시모또노 료ー리오 타베따이ㄴ데스가
ここの じもとの りょうりを 食べたいんですが。

야스꾸떼 오이시이 미세오 오시에떼 쿠다사이
やすくて おいしい みせを おしえて ください。

나ㄴ지마데 에ー교ー시떼 이마스까
なんじまで えいぎょうして いますか。

오스시노 오이시이 미세와 아리마스까
お寿司の おいしい みせは ありますか。

7시에 예약했어요.

지금 자리가 없습니다.

몇 분이십니까?

이쪽으로 오십시오.

메뉴 좀 보여주세요.

予約 [요야꾸] 예약　　　スプーン [스푸ㄴ] 숟가락
名前 [나마에] 이름　　　箸 [하시] 젓가락
メニュー [메뉴-] 메뉴　　おしぼり [오시보리] 물수건
注文 [츄-몬] 주문　　　皿 [사라] 접시
お客様 [오꺄꾸사마] 손님　ナプキン [나푸킨] 냅킨

시치지니 요야꾸오 이레떼 아루ㄴ데스가
7時に よやくを 入れて あるんですが。

아이니꾸 타다이마 마ㄴ세끼데스
あいにく、ただいま まんせきです。

나ㅁ메-사마데스까
なんめいさまですか。

코치리에 도 조
こちらへ どうぞ。

메뉴-오 미세떼 쿠다사이
メニューを 見せて ください。

주문은 뭘로 하시겠습니까?

잠깐만 기다려 주세요.

저기요, 주문 좀 받아주세요.

저거랑 같은 걸로 주세요.

오늘의 요리는 뭐예요?

이건 주문한 요리가 아니에요.

츄－모ㅇ와　나니니　나사이마스까
ちゅうもんは なにに なさいますか。

쵸ㄷ또　마ㄷ떼　쿠다사이
ちょっと 待って ください。

아노－　츄－모ㅇ오 오네가이시마스
あのう、ちゅうもんを おねがいします。

아레또　오나지　모노오　쿠다사이
あれと おなじ ものを ください。

쿄－ㄴ 히가와리 료－리 와 나ㄴ데스까
きょうの 日替わりりょうりは なんですか。

코레와　츄－모ㄴ시따 모노데와 아리마세ㄴ
これは ちゅうもんした ものでは ありません。

잘 먹겠습니다.

요리가 아직 안 나왔어요.

금방 나와요?

이건 어떻게 먹어요?

이 요리는 재료가 뭐예요?

おいしい [오이시이] 맛있다　　食べる [타베루] 먹다
まずい [마즈이] 맛없다　　飲む [노무] 마시다
うすい [우스이] 싱겁다　　食事 [쇼꾸지] 식사
しょっぱい [숍빠이] 짜다　　飲み物 [노미모노] 음료

이따다끼마스
いただきます。

료ー리가　마다　키떼이마세ㄴ
りょうりが　まだ　きていません。

스구　데끼마스까
すぐ　できますか。

코레와　도ー야ㄷ떼　타베ㅜㄴ데스까
これは　どうやって　食べるんですか。

코노　료ー리노　자이료ー와　나ㄴ데스까
この　りょうりの　ざいりょうは　なんですか。

물 좀 주세요.

냉수를 부탁해요.

이거 맛있겠다.

맛있어요.

잘 먹었습니다.

남은 건 포장해 주세요.

오미즈오 쿠다사이
おみずを ください。

오히야 오네가이시마스
おひや おねがいします。

코레　오이시소-
これ、おいしそう。

오이시-
おいしい。

고치소-사마데시따
ごちそうさまでした。

노꼬ㄷ따 모노와 모치까에리 오네가이시마스
のこった ものは もちかえり おねがいします。

맥주 한 병 주세요.

안주는 어떤 게 있어요?

한 잔 더 주세요.

얼음하고 물 주세요.

재떨이 갈아주세요.

生ビール [나마비-루] 생맥주　つまみ [쯔마미] 안주
焼酎 [쇼-츄-] 소주　水 [미즈] 물
ワイン [와인] 와인　灰皿 [하이자라] 재떨이
ウイスキー [우이-스키] 위스키　もう一杯 [모-입빠이] 한 잔 더
日本酒 [니혼슈] 정종　乾杯 [캄빠이] 건배

비-루 이ㅂ뽄 쿠다사이
ビール いっぽん ください。

오쯔마미와 나니가 아리마스까
おつまみは なにが ありますか。

모- 이ㅂ빠이 쿠다사이
もう いっぱい ください。

코-리또 미즈오 쿠다사이
こおりと みずを ください。

하이자라오 카에떼 쿠다사이
はいざらを 替えて ください。

찻집에서

뜨거운 커피 주세요.

차게 해 주세요.

일본 전통차는 어떤 게 있어요?

가져갈 수 있어요?

리필 되나요?

牛乳 [규-뉴-] 우유
ジュース [쥬-스] 주스　　コーヒー [코-히-] 커피
紅茶 [코-챠] 홍차　　アイスコーヒー [아이스코-히-] 냉커피
コーラ [코-라] 콜라　　ホットチョコレート [호ㄷ토쵸코레-토] 핫쵸코
サイダー [사이다-] 사이다　　ミネラルウォーター [미네라루워-타-] 생수

호ㄷ토 코-히- 오네가이시마스
ホット コーヒー おねがいします。

쯔메따꾸 시떼 쿠다사이
つめたく して ください。

니호ㄴ노 데ㄴ토-떼끼나 오챠와 나니가 아리마스까
にほんの でんとうてきな おちゃは なにが ありますか。

모치까에리가 데끼마스까
持ちかえりが できますか。

오까와리 데끼마스까
お代わり できますか。

계산

계산해 주세요.

전부 얼마예요?

따로따로 내고 싶은데요.

제가 낼게요.

거스름돈이 틀려요.

払う [하라우] 지불하다
割り勘 [와리깐] 더치페이　　帰る [카에루] 돌아가다
おごる [오고루] 쏘다　　二次会 [니지까이] 2차
いくら [이꾸라] 얼마　　おつり [오쯔리] 거스름돈

오 까ㄴ죠- 　오네가이시마스
おかんじょう おねがいします。

제ㅁ부데 이꾸라데스까
ぜんぶで いくらですか。

베쯔베쯔니 하라이따이ㄴ데스가
べつべつに はらいたいんですが。

와 따시가 하라이마스
わたしが はらいます。

오 쯔리가 마치가ㄷ떼 이마스
お釣りが まちがって います。

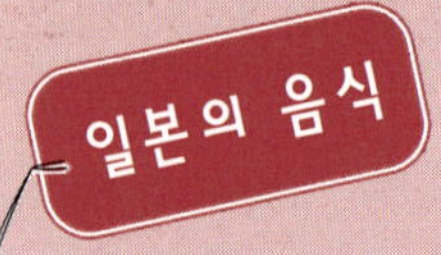

ラーメン 라멘

돼지고기나 닭고기로 낸 국물과 쫄깃한 면발에
편육과 숙주나물이 얹혀 나온다.

味噌ラーメン 미소라–멘
일본 된장으로 우려낸 담백한 라멘

醬油ラーメン 쇼–유라–멘
간장으로 간을 내 느끼하지 않은 라멘

塩ラーメン 시오라–멘
소금으로 간을 내 산뜻한 라멘

豚骨ラ–メン 통꼬쯔라–멘
돼지뼈로 국물을 낸 라멘

丼 돈부리

밥 위에 여러 종류의 반찬을 얹어 한 그릇으로
식사를 끝내는 요리.

かつ丼 카쯔돈 돈까스 덮밥

親子丼 오야꼬돈 닭고기 덮밥

牛丼 규–돈 소고기 덮밥

天丼 텐돈 튀김 덮밥

海鮮丼 카이센돈 해물 덮밥

うな丼 우나돈 장어 덮밥

6

이동

길을 물을 때

지하철

버스

고속버스여행

택시

길을 물을 때

실례합니다.

길을 좀 가르쳐 주세요.

~에 가려고 해요.

지하철역이 어디예요?

~는 어느 쪽이에요?

스미마세ㄴ
すみません。

미치오 오시에떼 쿠다사이
みちを おしえて ください。

~니 이끼따이ㄴ데스가
~に 行きたいんですが。

치까떼쓰노 에끼와 도꼬네스까
ちかてつの えきは どこですか。

~와 도ㄷ치데스까
~は どっちですか。

이 근처에 ~가 있어요?

이 지도에서 여기가 어디쯤이에요?

동물원까지 어떻게 가나요?

시간이 얼마나 걸려요?

걸어갈 수 있어요?

오른쪽으로 돌아서 곧장 가세요.

코노 헤ㄴ니 ~가 아리마스까
この へんに ~が ありますか。

코노 치즈데 코꼬와 도꼬데스까
この 地図で ここは どこですか。

도-부쯔에ㅁ마데 도-야ㄷ떼 이끼마스까
どうぶつえんまで どうやって 行きますか。

지까ㅇ와 도노구라이 카까리마스까
じかんは どのぐらい かかりますか。

아루이떼 이께마스까
あるいて いけますか。

미기니 마가ㄷ떼 마ㅅ스구 이ㄷ떼 쿠다사이
みぎに まがって まっすぐ 行って ください。

지하철

표 사는 곳이 어디예요?

저쪽 자동판매기에서 사면 돼요.

지하철 노선도 있어요?

이거 타면 ~에 가나요?

~선은 어디서 갈아타요?

키ㅂ뿌노 우리바와 도꼬데스까
きっぷの 売り場は どこですか。

아소꼬노 지도−하ㅁ바이끼데 카ㄷ떼 쿠다사이
あそこの じどうはんばいきで 買って ください。

치 까떼 쯔노 로세ㄴ즈 아리마스까
ちかてつの ろせんず ありますか。

코레니 노레바 ~에 이끼마스까
これに 乗れば ~へ 行きますか。

~세ㅇ와 도꼬데 노리까에루ㄴ데스까
~せんは どこで 乗り換えるんですか。

다음 역이 ~인가요?

두 장 주세요.

국립박물관은 어디로 나가요?

신주쿠역까지 얼마예요?

막차가 언제예요?

보관함은 어디 있어요?

쯔기노 에끼가 ~데스까
つぎの えきが ~ですか。

니마이 쿠다사이
にまい ください。

코꾸리쯔하꾸부쯔까ㄴ니 이꾸 데구치와 도꼬데스까
こくりつはくぶつかんに 行く でぐちは どこですか。

시ㄴ쥬꾸에 끼마데 이꾸라데스까
しんじゅくえきまで いくらですか。

슈－데ㅇ와 나ㄴ지데스까
しゅうでんは なんじですか。

코이ㄴ로ㄱ카ー와 도꼬니 아리마스까
コインロッカーは どこに ありますか。

지하철

~행 버스는 어디서 타요?

몇 번 버스 타면 돼요?

이 버스 타면 ~ 가요?

다음 버스는 언제 와요?

내려요!

バス停 [바스떼-] 버스정류장
座席 [자세끼] 좌석
運転手 [운뗀슈] 운전기사
乗客 [죠-꺄꾸] 승객

乗る [노루] 타다
降りる [오리루] 내리다
乗り換える [노리까에루] 갈아타다

~유끼노 바스와 도꼬데 노리마스까
~行きの バスは どこで 乗りますか。

나ㅁ바ㄴ노 바스니 노레바 이이데스까
なんばんの バスに 乗れば いいですか。

코노 바스 ~에 이끼마스까
この バス ~へ 行きますか。

쯔기노 바스와 이쯔 키마스까
つぎの バスは いつ 来ますか。

오리마스
降ります!

버
스

고속버스터미널은 어디예요?

~행은 몇 시에 있어요?

다음 버스는 몇 시예요?

~행 어디서 타요?

1번 승차장이 어디예요?

코－소꾸바스노 타－미나루와 도꼬데스까
こうそくバスの ターミナルは どこですか。

~유끼와 나ㄴ지데스까
~行きは なんじですか。

쯔기노 바스와 나ㄴ지데스까
つぎの バスは なんじですか。

~유끼와 노꼬데 노리마스까
~行きは どこで 乗りますか。

이치바ㄴ 노리바와 도꼬데스까
いちばん 乗り場は どこですか。

어디로 가세요?

이 주소로 가주세요.

~ 호텔까지 부탁해요.

트렁크에 짐을 실어도 되나요?

공항까지 얼마나 나와요?

行く [이꾸] 가다
来る [쿠루] 오다
止める [토메루] 세우다
待つ [마쯔] 기다리다

トランク [토랑쿠] 트렁크
空港 [쿠-꼬-] 공항
急ぐ [이소구] 서두르다

도 꼬 마데 이 까레마스 까
どこまで 行かれますか。

코노 쥬-쇼에 이ㄷ떼 쿠다사이
この じゅうしょへ 行って ください。

~호테루마데 오네가이시마스
~ホテルまで おねがいします。

토랑쿠니 니모쓰오 이레떼 이이네스까
トランクに にもつを 入れて いいですか。

쿠- 꼬- 마데 이꾸라데스 까
くうこうまで いくらですか。

이
동

택
시

시내를 한 바퀴 돌아주세요.

여기 세워주세요.

여기서 기다려 주세요.

1시간 후에 다시 와주세요.

서둘러 주세요.

(돈을 내면서) 여기 있어요.

마치노 나까오 히또또오리 마와ㄷ떼 쿠다사이
まちの なかを ひととおり まわって ください。

코꼬데 토메떼 쿠다사이
ここで 停めて ください。

코꼬데 마ㄷ떼 이떼 쿠다사이
ここで 待って いて ください。

이치지깡ㅇ고니 코꼬니 키떼 쿠레마스까
いちじかんごに ここに 来て くれますか。

이소이데 쿠다사이
いそいで ください。

하이 도-조
はい、どうぞ。

철도로 여행하려면 한국에서 미리 J·R 패스를 끊어 가는 편이 비용도 저렴하고 편리하다. J·R 패스는 일본 어디서나 사용할 수 있는 열차 승차권이다.

일본은 지하철을 이용한 교통수단이 매우 발달되어 있으므로 지하철 노선도를 휴대하면 매우 유용하게 쓸 수 있다. 일본 지하철 노선은 무척 복잡하여 처음 탈 때는 어렵게 느껴지지만 시내 곳곳을 갈 수 있어 편리하다.

지리에 익숙치 않은 여행자일수록 택시를 이용하는 일이 잦다. 그러나 일본의 경우, 택시 요금이 매우 비싼 편이므로 급한 용무일 경우를 제외하고는 되도록 이용하지 않는 것이 좋다. 혼자서 탈 때는 반드시 뒷좌석에 타야 하는데 일본에서는 뒷자리가 다 찰 때까지 운전석 옆에 앉히는 경우가 거의 없다. 또 택시의 뒷문은 자동문이므로 문이 열리기 전에 다가서지 않도록 하고 내려서도 문을 닫지 않도록 한다.

관 광

관광안내소는 어디 있어요?

시내지도 있어요?

안내책자 있어요?

가장 가볼 만한 곳은 어디인가요?

전철로 갈 수 있나요?

ツアー [츠아ー] 투어　　　案内 [안나이] 안내
ガイド [가이도] 가이드　　　展望台 [템보ー다이] 전망대
路線図 [로센즈] 노선도　　　体験ツアー [타이껜츠아ー] 체험관광
時刻表 [지꼬꾸효ー] 시간표　　　お祭り [오마쯔리] 축제

카ㅇ꼬ー 아ㄴ나이죠와 도꼬데스까
かんこう あんないじょは どこですか。

시나이지스 아리마스까
しない地図 ありますか。

카ㅇ꼬ー아ㄴ나이노 파ㅇ후레ㄷ토 쿠다사이
かんこうあんないの パンフレット ください。

이치바ㄴ노 미도꼬로와 도꼬데스까
いちばんの みどころは どこですか。

데ㄴ샤데 이께마스까
でんしゃで 行けますか。

관꾕안내소에서

버스시간표 주세요.

여기서 예약할 수 있어요?

가부키를 보고 싶어요.

시내 투어버스 있어요?

이 투어 신청하고 싶은데요.

가이드를 고용할 수 있나요?

바스노　지꼬꾸효-오　쿠다사이
バスの じこくひょうを ください。

코꼬데 요야꾸 데끼마스까
ここで よやく できますか。

카부끼오 미따이ㄴ데스가
歌舞伎を 見たいんですが。

카ㅇ꼬- 바스가 아리마스까
かんこうバスが ありますか。

코노 츠아-니 모-시꼬미따이ㄴ데스가
この ツアーに もうし込みたいんですが。

가이도오 야또우 코또가 데끼마스까
ガイドを やとう ことが できますか。

입장권은 어디서 사요?

어른 두 장, 어린이 한 장 주세요.

학생할인은 안 되나요?

흡연구역이 어디예요?

기념품은 어디서 팔아요?

入場 [뉴−죠−] 입장
おとな [오또나] 어른
こども [코도모] 어린이
学生 [각세−] 학생

禁煙 [킹엔] 금연
喫煙所 [키쯔엔죠] 흡연구역
おみやげ [오미야게] 기념품

뉴−죠−께ㄴ　우리바와 도꼬데스까
にゅうじょうけん 売り場は どこですか。

오또나 니마이, 코도모 이치마이 구다사이
おとな にまい、こども いちまい ください。

가ㄱ세−와 리비끼와 아리마세ㅇ까
がくせいわりびきは ありませんか。

키쯔에ㄴ죠외　도꼬데스까
きつえんじょは どこですか。

오미야게와 도꼬데 우ㄷ떼 이마스까
おみやげは どこで 売って いますか。

사 진 찍 기

사진 좀 찍어 주시겠어요?

여길 누르면 돼요.

함께 사진을 찍어도 될까요?

필름은 어디에서 팔아요?

근처에 사진관이 있나요?

샤시ㅇ오 토ㄷ떼 쿠다사이마세ㅇ까
しゃしんを 撮って くださいませんか。

코꼬오 오스 다께데스
ここを 押す だけです。

이ㅅ쇼니 토리마세ㅇ까
いっしょに 撮りませんか。

휘루무 우리바와 노꾜데스까
フィルム 売り場は どこですか。

치까꾸니 샤시ㅇ야가 아리마스까
ちかくに しゃしんやが ありますか。

관광

사진찍기

박물관·미술관

입장료가 얼마예요?

입구는 어디예요?

안에서 사진 찍어도 돼요?

괜찮아요.

사진촬영은 안 돼요.

뉴- 죠- 료- 와 이꾸라데스까
にゅうじょうりょうは いくらですか。

이리구치와 도꼬데스까
いりぐちは どこですか。

나까데 샤시ㅇ오 토ㄷ떼모 이이데스까
なかで しゃしんを 撮っても いいですか。

다이죠-부데스요
だいじょうぶですよ。

샤시ㄴ사쯔에- 와 데끼마세ㄴ
しゃしんさつえいは できません。

그림엽서 있어요?

몇 시까지 해요?

안내 팸플릿 있어요?

조용히 해주세요.

손 대지 마세요.

짐을 맡기고 싶은데요.

에하가끼가 카이따이ㄴ데스가
えはがきが 買いたいんですが。

나ㄴ지마데 아이떼 이마스까
なんじまで 空いて いますか。

아ㄴ나이 파ㅇ후레ㄷ토 아리마스까
あんない パンフレット ありますか。

시즈까니 시떼 쿠다사이
しずかに して ください。

사와라나이데 쿠다사이
さわらないで ください。

니모쯔오 아즈께따이ㄴ데스가
にもつを あずけたいんですが。

박물관 · 미술관

관람

지금 표를 살 수 있어요?

앞자리로 부탁해요.

좌석이 매진되었습니다.

팜플렛 있어요?

이 자리 비어 있어요?

이 마　키ㅂ뿌오 카에마스까
いま、きっぷを 買えますか。

마에노 호ー오 오네가이시마스
まえの ほうを おねがいします。

자세끼가 우리끼레마시따
ざせきが 売り切れました。

파ㅇ후레ㄴ도 아리마스까
パンフレット ありますか。

코노 세끼 아이떼 이마스까
この せき 空いて いますか。

관
광

관
람

着物 키모노

와후꾸(和服)라 불리는 일본의 전통 의상으로 등에 있는 네모난 오비(帶)는 그 모양이 독특하다. 원래 기모노는 좁은 띠를 앞에서 묶었는데 점점 변화해서 오비의 폭이 넓어지고 몇 겹씩 둘러감게 되었다고 한다. 그러다가 17세기 말에 앞에 묶었던 오비를 등에 갖다 댄 것이 유행하게 되어 뒷부분의 아름다움을 살리는 독창적인 현대식 기모노가 완성되었다.

歌舞伎 카부끼

17세기 초 일본 쿄또(京都)에서 오꾸니(阿国)라는 여인을 중심으로 한 가무에서 비롯되어 약 370년의 전통을 이어오고 있는 일본의 대표적인 고전 연극. 카부끼란 카부꾸(傾く : 방종하다, 바람나다, 호색하다)라는 말에서 나온 것이라 하는데, 선명한 분장과 화려한 의상 그리고 독특한 대사와 춤이 특징이다. 그리고 1629년부터 여성의 출연이 금지되어 남성만으로 연기하고 있는 점이 흥미롭다.

8

쇼 핑

환전
가게에서
옷 사기
구두 사기
값을 깎을 때
계산하기
교환과 환불

환전

환전소 어디예요?

엔으로 환전해 주세요.

잔돈으로 바꿔주세요.

오늘 환율이 얼마인가요?

이것을 현금으로 바꿔주세요.

료-가에죠 와 도꼬데스까
りょうがえじょは どこですか。

코레오 에ㄴ니 료-가에시떼 쿠다사이
これを えんに りょうがえして ください。

코제니니 쿠즈시떼 쿠다사이
こぜにに くずして ください。

쿄-노 카와세레-토와 이꾸리데스까
きょうの かわせレートは いくらですか。

코레오 게ㅇ끼ㄴ니 시떼 쿠다사이
これを げんきんに して ください。

어서오세요.

찾으시는 게 있으세요?

그냥 구경 좀 하려고요.

저거 보여주세요.

만져봐도 돼요?

これ [코레] 이거　　　值段 [네단] 값
あれ [아레] 저거　　　高い [타까이] 비싸다
それ [소레] 그거　　　安い [야스이] 싸다
どれ [도레] 어느 것　　買う [카우] 사다

이라ㅅ샤이마세
いらっしゃいませ。

나니까　오사가시데스까
なにか　おさがしですか。

미떼　이루　다께데스
見て　いる　だけです。

아레오　미세떼　쿠다사이
あれを　見せて　ください。

사와ㄷ떼　미떼모　이이데스까
さわって　みても　いいですか。

이거 얼마예요?

전부 얼마예요?

비싸네요.

좀 더 싼 거 없어요?

이거 주세요.

이 지역의 특산품은 뭐예요?

코 레 와 이꾸라데스까
これは いくらですか。

제ㅁ부데 이꾸라데스까
ぜんぶで いくらですか。

타 싸이데스네
たかいですね。

모− 스꼬시 야스이 모노와 아리마세ㅇ까
もう すこし やすい ものは ありませんか。

코 레 오 ㅋ다사이
これを ください。

코꼬노 도사ㅁ부쯔와 나ㄴ데스까
ここの どさんぶつは なんですか。

이 책을 찾고 있어요.

선물을 사고 싶은데요.

포장해 주실 수 있어요?

가격표는 떼 주세요.

따로따로 포장해 주세요.

한국으로 부쳐주세요.

코노 호ㅇ오 사가시떼 이마스
この ほんを さがして います。

오미야게오 카이따이ㄴ데스가
おみやげを 買いたいんですが。

쯔쯔ㄴ데 모라에마스까
つつんで もらえますか。

네후다오 토ㄷ떼 쿠다사이
ねふだを とって ください。

베쯔베쯔니 쯔쯔ㄴ데 쿠다사이
べつべつに つつんで ください。

카ㅇ꼬꾸니 오꾸ㄷ떼 쿠다사이
かんこくに おくって ください。

입어봐도 돼요?

탈의실 어디예요?

이거 옷감이 뭐예요?

어떠세요?

딱 맞아요.

시챠꾸시떼모　이이데스까
しちゃくしても いいですか。

시챠꾸시쯔와　노꼬데스까
しちゃくしつは どこですか。

코레　키지와　나ㄴ데스까
これ、生地は なんですか。

이까가데스까
いかがですか。

피ㄷ따리데스
ぴったりです。

너무 커요.

잘 어울려요.

허리가 꽉 껴요.

L 사이즈 주세요.

다른 색깔도 있어요?

심플한 디자인이 좋아요.

おおきすぎます。

おにあいです。

ウェストの あたりが きつすぎます。

Ｌ サイズを ください。

ほかの いろも ありますか。

シンプルな デザインが いいです。

쇼핑

옷 사기

구 두 사 기

신어봐도 돼요?

저 구두 얼마예요?

245 사이즈 있나요?

약간 크네요.

한 치수 큰 걸로 주세요.

하이떼 미떼모 이이데스까
はいて みても いいですか。

소노 쿠쯔와 이꾸라데스까
その くつは いくらですか。

니쥬-욘뗑고 사이즈와 아리마스까
24.5 サイズは ありますか。

쵸ㄷ또 오-끼이데스
ちょっと おおきいです。

히또마와리 오-끼이 모노오 쿠다사이
ひとまわり おおきい ものを ください。

조금 비싸네요.

깎아 주세요.

좀 더 싸게 해주세요.

정말 갖고 싶은데 예산초과예요.

현금이 5천 엔밖에 없어요.

欲しい [호시이] 갖고 싶다　　　　少し [스꼬시] 조금
予算 [요산] 예산　　　　もう少し [모-스꼬시] 좀 더

스꼬시 타까이데스네
すこし たかいですね。

마 께 떼 쿠다사이
負けて ください。

모 - 스꼬시 야스꾸 시떼 쿠다사이
もう すこし やすく して ください。

호시이께도 요사ㄴ 오-바-나ㄴ데스요
欲しいけど、よさん オーバーなんですよ。

고세ㅇ에ㄴ시까 게ㅇ끼ㅇ가 나이ㄴ데스
5せんえんしか げんきんが ないんです。

계산은 어디서 해요?

현금으로 낼게요.

이 쿠폰 쓸 수 있어요?

이 카드 돼요?

다시 한 번 확인해 주세요.

시하라이와 도꼬데 시마스까
しはらいは どこで しますか。

게ㅇ끼ㄴ데 하라이마스
げんきんで はらいます。

코노 쿠-포ㄴ 쯔카에마스까
この クーポン つかえますか。

쿄노 쿠레지ㄷ토카-도 쯔카에미스끼
この クレジットカード つかえますか。

모- 이치도 카꾸니ㄴ시떼 쿠다사이
もう いちど かくにんして ください。

교환과 환불

이거 반품하고 싶은데요.

환불해 주시겠어요?

다른 걸로 바꾸고 싶어요.

사이즈가 안 맞아요.

이거 고장났어요.

코 레 오 헤 ㅁ 삐 ㄴ 시 타 이 ㄴ 데 스 가
これを へんぴんしたいんですが。

헤 ㅇ 끼 ㄴ 시 떼 이 따 다 께 마 스 까
へんきんして いただけますか。

베 쯔 노 모 노 또 코 - 까 ㄴ 시 타 이 ㄴ 데 스 가
べつの ものと こうかんしたいんですが。

사 이 즈 가 아 이 마 세 ㄴ
サイズが 合いません。

코 레 코 와 레 떼 이 마 스
これ、こわれて います。

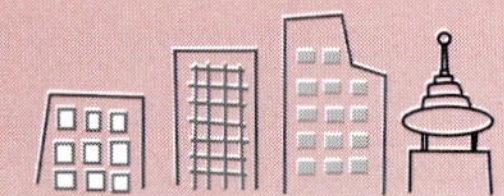

秋葉原 아끼하바라

일본 최대의 전자상가 거리. 전철로 야마노떼선을 타고 아끼하바라역에서 내리면 컴퓨터, 전자제품, 카메라, 부품, 게임, 에니메이션, DVD 등을 취급하는 대형상가들이 모여 있다. 신제품을 비롯해 중고제품도 구비하고 있는데 가게마다 가격에 차이가 있으니 발품을 파는 것이 좋다.

아끼하바라의 관광명소

メイド喫茶 메이드킷사

점원이 메이드(하녀) 의상을 입고 접객하는 찻집. 이곳에서는 손님이 들어오면 "어서오세요"가 아니라 "주인님, 다녀오셨습니까?"라며 맞는다. 이처럼 여종업원이 애니메이션이나 게임 등의 캐릭터나 메이드 복장, 각종 제복 등을 입고 서빙하는 가게들은 아키하바라가 오따꾸(お宅:특정 분야에 대해 매니아보다 강한 관심과 집착을 가진 이들을 지칭하는 말로, 부정적인 이미지가 강하다)들이 자주 찾는 거리로 변모하면서 생겨난 풍경.

보통 음료와 간단한 음식을 제공하며, 점원과 함께 사진을 찍거나 간단한 게임을 하는 등의 다양한 이벤트도 즐길 수 있다.

9

친구만들기

말 걸기

칭찬하기

메일주소 주고받기

거절하기

누군가 기다리고 계세요?

경치가 참 좋군요.

날씨가 덥네요.

어디서 오셨어요?

그거 참 좋군요.

다레까 마ㄷ떼루ㄴ데스까
だれか 待ってるんですか。

스떼끼데스네
すてきですね。

아쯔이데스네
あついですね。

도꼬까라 키따ㄴ데스까
どこから 来たんですか。

소레　이이데스네
それ、いいですね。

말
걸
기

만
친구들
기

친구가 되고 싶어요.

연락처를 알려주세요.

연락해도 될까요?

옆에 앉아도 돼요?

사진을 보내드릴 테니,

주소 좀 가르쳐주세요.

토모다치니 나리따이데스
ともだちに なりたいです。

레ㄴ라꾸사끼오 오시에떼 쿠다사이
れんらくさきを おしえて ください。

마따 레ㄴ라꾸시떼모 이이데스까
また れんらくしても いいですか。

토나리니 스와ㄷ떼모 이이데스까
となりに すわっても いいですか。

샤시ㅇ오 오꾸리마스노데
しゃしんを おくりますので、

쥬ー슈 오 오시에떼 쿠다사이
じゅうしょを おしえて ください。

제 명함이에요.

같이 식사라도 하러 가요.

여행을 좋아하세요?

다음 목적지는 어디예요?

한잔 하러 가실래요?

함께 춤추실래요?

와따시노 메-시데스
わたしの めいしです。

쇼꾸지데모 이ㅅ쇼니 시마세〇까
しょくじでも いっしょに しませんか。

료코- 와 스끼데스까
りょこうは 好きですか。

쯔기노 모꾸떼끼치와 도꼬데스까
つぎの もくてきちは どこですか。

노미니 이끼마쇼-
飲みに 行きましょう。

이ㅅ쇼니 오도리마세〇까
いっしょに おどりませんか。

칭찬하기

참 친절하시네요.

피부가 깨끗하시네요.

눈이 참 예뻐요.

참 잘 어울려요.

보는 눈이 있으시군요.

優しい [야사시이] 친절하다　　気持ちいい [기모치이이] 기분좋다
楽しい [타노시이] 즐겁다　　　　惣れる [호레루] 반하다
幸せ [시아와세] 행복　　一目惣れ [히또메보레] 첫눈에 반하다

토 떼모 야사시이데스네
とても やさしいですね。

하다가 키레이데스네
はだが きれいですね。

메가 키레이데스네
目が きれいですね。

요꾸 니아이마스네
よく 似合いますね。

미루 메가 아리마스네
見る 目が ありますね。

정말 잘 하시네요.

스타일이 좋네요.

정말 재미있었어요.

즐거웠어요.

대단해요!

당신과 만나서 행복해요.

토떼모 죠-즈 데스네
とても じょうずですね。

스타이루가 이이데스네
スタイルが いいですね。

호ㄴ또-니 오모시로까ㄷ따
ほんとうに おもしろかった。

타노시까ㄷ따
たのしかった。

스고이
すごい!

아나따니 아에떼 시아와세데스
あなたに 会えて しあわせです。

메일주소 주고받기

괜찮으시다면, 메일주소 좀 가르쳐주시겠어요?

제 메일 주소는 ~예요.

좀 적어주시겠어요?

그럼요.

メルとも[메루또모]메일친구　　　@[아ㄷ또]골뱅이
メールアドレス[메-루아도레스]메일주소　　.[도ㄷ또]점

EX) changbook1@yahoo.co.kr
[시-에이치에-에누지-비-오-오-케-이치 아ㄷ또
야후- 도ㄷ또 시-오- 도ㄷ또 케-아-루]

요까ㄷ따라　메-루아도레스오
よかったら、メールアドレスを

오시에떼　쿠레마스까
おしえて　くれますか。

와따시노　메-루아도레스와　~데스
わたしの　メールアドレスは　~です。

카이떼　쿠레마스까
書いて　くれますか。

모치로ㄴ데스
もちろんです。

사양하겠습니다.

선약이 있어요.

그다지 내키지 않네요.

그만두세요.

남자친구/여자친구가 있어요.

에ㄴ료 사세떼 이따다끼마스
えんりょさせて いただきます。

세ㅇ야꾸가 아리마스
せんやくが あります。

키가 스스미마세ㄴ
気が すすみません。

야메떼 쿠다사이
やめて ください。

카레시 카노죠가 이마스
かれし / かのじょが います。

경찰서 110
소방서(화재구급환자) 119
전화번호문의 104
신칸센열차 107
리무진버스 03-3665-7220
일기예보 177
여행자정보센터 03-3502-1461

주일한국대사관 03-3452-7611
영사콜센터 001-010-800-2100-0404
한국관광공사 03-3580-3941

도쿄역 분실물센터 03-3231-1880
외국인 인권구제센터 03-3581-2201

대한항공 0088-21-2001
아시아나항공 도쿄 03-5812-6600
　　　　　　오사카 06-6282-1888
　　　　　후쿠오카 092-263-1888
일본항공(JAL) 0120-25-6660
　　　　　　03-5460-4466(휴대폰)
전일본항공(ANA) 0120-029-082

10

위급상황

사고·질병

약국

도난·분실

다급할 때

증상 말하기

제일 가까운 병원이 어디예요?

약국 어디예요?

구급약 있어요?

의사를 불러주세요.

병원에 데려가 주세요.

救急車 [큐-뀨-샤] 구급차　　　　内科 [나이까] 내과
病院 [뵤-인] 병원　　　　外科 [게까] 외과
医者 [이샤] 의사　　　小児科 [쇼-니까] 소아과
薬局 [약꾜꾸] 약국　　婦人科 [후징까] 산부인과

이치바ㄴ 치까이 뵤-이ㅇ 와 도꼬데스까
いちばん ちかい びょういんは どこですか。

야ㄱ꾜꾸 와 도꼬데스까
やっきょくは どこですか。

뀨-뀨-바꼬 와　아리마스까
きゅうきゅうばこは ありますか。

이 샤 오 요ㄴ데 쿠다사이
いしゃを 呼んで ください。

뵤-이ㄴ 니 쯔레떼 이ㄷ떼 쿠다사이
びょういんに 連れて いって ください。

어떻게 해야 하죠?

비상구는 어디 있나요?

구급차를 불러주세요.

다친 사람이 있어요.

경찰을 불러주세요.

한국 대사관에 연락해 주세요.

도 - 시따라 이이데스까
どうしたら いいですか。

히죠 - 구 치와 도꼬데스까
ひじょうぐちは どこですか。

큐 - 뀨 - 샤오 요ㄴ데 쿠다사이
きゅうきゅうしゃを 呼んで ください。

케가오 시따 히또가 이마스
怪我を した ひとが います。

게 - 사쯔오 요ㄴ데 쿠다사이
けいさつを 呼んで ください。

카ㅇ꼬꾸 타이시까ㄴ니 레ㄴ라꾸시떼 쿠다사이
かんこく たいしかんに れんらくして ください。

약국

감기약 주세요.

손을 베었어요.

처방전을 보여주시겠어요?

하루에 세 번 드세요.

식후에 드세요.

카제구스리오 쿠다사이
かぜぐすりを ください。

테오 키리마시따
手を 切りました。

쇼호-세ㅇ가 아리마스까
しょほうせんが ありますか。

이치니치 상까이 오노미 쿠다사이
いちにち ３かい お飲み ください。

쇼꾸고니 노ㄴ데 쿠다사이
しょくごに 飲んで ください。

도난·분실

경찰서 어디예요?

지갑을 소매치기 당했어요.

택시에 가방을 두고 내렸어요.

항공권을 잃어버렸어요.

여권을 잃어버렸어요.

財布 [사이후] 지갑　　スリ [스리] 소매치기
かばん [카반] 가방　　航空券 [코-꾸-껜] 항공권
警察 [케-사쯔] 경찰　　お金 [오까네] 돈
なくす [나꾸스] 잃어버리다　　パスポート [파스포-토] 여권

케-사쯔쇼 와 도꼬데스까
けいさつしょは どこですか。

사이후오 스리니 토라레마시따
さいふを スリに 取られました。

타쿠시-니 바ㄱ쿠오 오끼와스레마시따
タクシーに バックを 置きわすれました。

코-꾸-께ㅇ가 미쯔까리마세ㄴ
こうくうけんが 見つかりません。

파스포-토오 나꾸시마시따
パスポートを なくしました。

분실물센터는 어디예요 ?

이게 일본 연락처예요.

찾으면 알려주세요.

가방에 뭐가 들어 있었나요?

어디서 잃어버렸는지 모르겠어요.

카드사용을 정지시켜 주세요.

이시쯔부쯔 세ㄴ타－와 도꼬데스까
いしつぶつセンターは どこですか。

코레가 니호ㄴ노 레ㄴ라꾸사끼데스
これが にほんの れんらくさきです。

미쯔까ㄷ따라 시라세떼 쿠다사이
見つかったら 知らせて ください。

카바ㄴ노 나까니와 나니가 하이ㄷ떼 이마시따까
かばんの なかには なにが はいって いましたか。

도꾜데 나꾸시따까 와까리마세ㄴ
どこで なくしたか わかりません。

카－도오 캬ㄴ세루 시떼 쿠다사이
カードを キャンセルして ください。

다급할 때

살려주세요!

도와주세요!

도둑이야!

위험해요!

잡아라!

타스께떼
たすけて!

스미마세ㄴ
すみません!

도로보–
どろぼう!

아부나이
あぶない!

쯔까마에떼
つかまえて!

몸이 아파요

열이 있어요.
네쯔가 아리마스
ねつが あります。

기침이 나와요.
세끼가 데마스
せきが 出ます。

콧물이 나와요.
하나미즈가 데마스
はなみずが 出ます。

어지러워요.
메마이가 시마스
めまいが します。

오한이 나요.
사무께가 시마스
さむけが します。

감기 들었어요.
카제오 히이떼 이마스
風邪を ひいて います。

천식이에요.
제ㄴ소꾸데스
ぜんそくです。

설사를 해요.
게리오 시떼 이마스
下痢を して います。

낸비에요.
베ㅁ삐시떼 이마스
べんぴして います。

식중독이에요.

쇼꾸 츄- 도꾸데스
しょくちょうどくです。

메스꺼워요.

하끼께가 시마스
はきけが します。

배가 아파요.

오나까가 이따이데스
おなかが いたいです。

이가 아파요.

하가 이따이데스
歯が いたいです。

생리통이에요.

세-리쯔-데스
生理痛です。

골절했어요.
코ㅅ세쯔시떼 이마스
こっせつして います。

삐었어요.
네ㄴ자시떼 이마스
ねんざして います。

움직일 수가 없어요.
우고께마세ㄴ
うごけません。

치질이에요.
지데스
痔です。

당뇨병이에요.
토ー뇨ー 가 아리마스
とうにょうが あります。

몸이 가려워요.

카라다가 카유이데스
からだが かゆいです。

혈압이 높아요.

코－께쯔아쯔데스
こうけつあつです。

혈압이 낮아요.

테－께쯔아쯔데스
ていけつあつです。

임신중이에요.

니ㄴ시ㄴ시떼 이마스
にんしんして います。

심장보조기를 달고 있어요.

페－스메－카－오 쯔께떼 이마스
ペースメーカーを つけて います。

써★먹★는
단어

0	제로·레ー ゼロ·れい		10	쥬ー じゅう
1	이치 いち		11	쥬ー 이치 じゅういち
2	니 に		12	쥬ー 니 じゅうに
3	사ㄴ さん		13	쥬ー 사ㄴ じゅうさん
4	시 し		14	쥬ー 요ㄴ じゅうよん
5	고 ご		15	쥬ー 고 じゅうご
6	로꾸 ろく		16	쥬ー 로꾸 じゅうろく
7	시치 しち		17	쥬ー 시치 じゅうしち
8	하치 はち		18	쥬ー 하치 じゅうはち
9	큐ー きゅう		19	쥬ー 뀨ー じゅうきゅう

20	니쥬ー にじゅう	200	니햐꾸 にひゃく
30	사ㄴ쥬ー さんじゅう	300	사ㅁ뱌꾸 さんびゃく
40	요ㄴ쥬ー よんじゅう	400	요ㄴ햐꾸 よんひゃく
50	고쥬ー ごじゅう	500	고햐꾸 ごひゃく
60	로꾸쥬ー ろくじゅう	600	로ㅂ빠꾸 ろっぴゃく
70	나나쥬ー ななじゅう	700	나나햐꾸 ななひゃく
80	하치쥬ー はちじゅう	800	하ㅂ빠꾸 はっぴゃく
90	큐ー 쥬ー きゅうじゅう	900	큐ー햐꾸 きゅうひゃく
100	햐꾸 ひゃく	1,000	이ㅅ세ㄴ いっせん
얼마	이꾸라 いくら	10,000	이치마ㄴ いちまん
***		100,000	쥬ー마ㄴ じゅうまん
		1,000,000	햐꾸마ㅣ ひゃくまん

하나	히또쯔 ひとつ	1월	이치가쯔 1 がつ
둘	후따쯔 ふたつ	2월	니가쯔 2 がつ
셋	미ㅅ쯔 みっつ	3월	상가쯔 3 がつ
넷	요ㅅ쯔 よっつ	4월	시가쯔 4 がつ
다섯	이쯔쯔 いつつ	5월	고가쯔 5 がつ
여섯	무ㅅ쯔 むっつ	6월	로쿠가쯔 6 がつ
일곱	나나쯔 ななつ	7월	시치가쯔 7 がつ
여덟	야ㅅ쯔 やっつ	8월	하치가쯔 8 がつ
아홉	코꼬노쯔 ここのつ	9월	쿠가쯔 9 がつ
열	토ー とお	10월	쥬ー가쯔 10 がつ
몇 개	이꾸쯔 いくつ	11월	쥬ー이치가쯔 11 がつ
***		12월	쥬ー니가쯔 12 がつ

1일	쯔이따치 ついたち		13일	쥬-사ㄴ니치 じゅうさんにち
2일	후쯔까 ふつか		14일	쥬-요ㄱ까 じゅうよっか
3일	미ㄱ까 みっか		15일	쥬-고니치 じゅうごにち
4일	요ㄱ까 よっか		20일	하쯔까 はつか
5일	이쯔까 いつか		24일	니쥬-요ㄱ까 にじゅうよっか
6일	무이까 むいか		일요일	니찌요-비 にちようび
7일	나노까 なのか		월요일	게쯔요-비 げつようび
8일	요-까 ようか		화요일	카요-비 かようび
9일	코꼬노까 ここのか		수요일	스이요-비 すいようび
10일	토-까 とおか		목요일	모꾸요-비 もくようび
11일	쥬-이치니찌 じゅういちにち		금요일	키ㅇ요-비 きんようび
12일	쥬-니니찌 じゅうににち		토요일	도요-비 どようび

1시	이치지 1時	10시	쥬-지 10時
2시	니지 2時	11시	쥬-이치지 11時
3시	산지 3時	12시	쥬-니지 12時
4시	요지 4時	1시간	이치지깐 1時間
5시	고지 5時	5분	고훈 5分
6시	로꾸지 6時	10분	줍뿐 10分
7시	시치지 7時	20분	니줍뿐 20分
8시	하치지 8時	30분	산줍뿐 30分
9시	쿠지 9時	40분	욘줍뿐 40分

아침	아사 朝		그저께	오또또이 おととい
닞	히루 昼		이제	키노- 昨日
저녁	유-가따 夕方		오늘	쿄- 今日
밤	요루 夜		내일	아시따 明日
새벽	아께가따 明け方		모레	아삳떼 あさって
오늘아침	케사 今朝		지난주	센슈- 先週
오늘밤	콩야 今夜		이번주	콘슈- 今週
오전	고젠 午前		다음주	라이슈- 来週
오후	고고 午後		니니음주	사라이슈- 再来週

지난달	셍게쯔 先月	기념일	키넴비 記念日
이번달	콩게쯔 今月	생일	탄죠-비 誕生日
다음달	라이게쯔 来月		***
재작년	오또또시 一昨年	봄	하루 春
작년	쿄넨 去年	여름	나쯔 夏
올해	코또시 今年	가을	아끼 秋
내년	라이넨 来年	겨울	후유 冬
매일	마이니치 毎日	여름방학	나쯔야스미 夏休み
매주	마이슈- 毎週	겨울방학	후유야스미 冬休み
평일	헤-지쯔 平日	출발일	슈ㅂ빠쯔비 出発日
주말	슈-마쯔 週末	도착일	토-챠꾸비 到着日
휴일	큐-지쯔 休日	날짜	히즈께 日付

1층	익까이 1階		오른쪽	미기 みぎ
2층	니까이 2階		왼쪽	히다리 ひだり
3층	상가이 3階		기운데	만나까 真ん中
4층	용까이 4階		앞	마에 まえ
5층	고까이 5階		뒤	우시로 うしろ
6층	록까이 6階		위	우에 うえ
7층	나나까이 7階		아래	시따 した
8층	학까이 8階		안	나까 なか
9층	큐-까이 9階		옆	요꼬 · 소바 よこ · そば
10층	쥬까이 10階		건너편	무꼬- 向こう

한국인	**캉꼬꾸진** 韓国人	대단하다	**스고이** すごい
일본인	**니혼진** 日本人	멋있다	**스떼끼** すてき
중국인	**츄-고꾸진** 中国人	덥다	**아쯔이** 暑い
미국인	**아메리카진** アメリカ人	춥다	**사무이** 寒い
학생	**각세-** 学生	재밌다	**오모시로이** 面白い
선생님	**센세-** 先生	즐겁다	**타노시이** 楽しい
회사원	**카이샤인** 会社員	기쁘다	**우레시이** 嬉しい
프리랜서	**후리-란사-** フリーランサー	귀엽다	**카와이이** かわいい
디자이너	**데자이나-** デザイナー	신기하다	**후시기다** 不思議だ
작가	**삭까** 作家	이상하다	**헨다** 変だ

거주자	쿄쥬−샤 居住者		짐	테니모쯔 手荷物
출국신고서	슛코꾸카−도 出国カード		비거주자	히쿄쥬−샤 非居住者
비자	사쇼−·비자 査証·ビザ		여권	파스포−토 パスポート
국적	코꾸세끼 国籍		이름	나마에 名前
직업	쇼꾸교− 職業		성별	세−베쯔 性別
여권번호	료껨방고− 旅券番号		연락처	렌라꾸사끼 連絡先
방문목적	료꼬−모꾸떼끼 旅行目的		기혼	키콘 既婚
동전	고−까 硬貨		미혼	미콘 未婚
지폐	시헤− 紙幣		목적지	모꾸떼끼치 目的地
국제선	쿠꾸사이센 国際線		안내소	안나이쇼 案内所

호텔	호테루 ホテル		수영장	푸-루 プール
여관	료깐 旅館		욕조	후로바 ふろば
민박	민슈꾸 民宿		싱글룸	싱구루루-무 シングルルーム
유스호스텔	유-스호스테루 ユースホステル		더블룸	다부루루-무 ダブルルーム
비지니스호텔	비지네스호테루 ビジネスホテル		트윈룸	츠인루-무 ツインルーム
캡슐호텔	캅세루호테루 カプセルホテル		아침식사	아사고한 朝ごはん
홈스테이	호-무스테이 ホームステイ		저녁식사	방고한 晩ごはん
방	헤야 部屋		룸서비스	루-무사-비스 ルームサービス
예약	요야꾸 予約		서양식방	요-시쯔 洋室
프론트	후론토 フロント		일본식방	와시쯔 和室

옷장	쿠로제드토 クロゼット	욕실	오후로 お風呂
텔레비전	테레비 テレビ	휴게실	큐-께-시쯔 休憩室
전등	덴또- 電灯	칫솔	하부라시 歯ブラシ
드라이기	도라이야- ドライヤー	치약	하미가끼꼬 歯みがきこ
열쇠	카기 カギ	비누	섹켄 せっけん
변기	벵끼 便器	샴푸	샴푸- シャンプー
타올	타오루 タオル	유카타	유까따 ゆかた
화장지	토이렛토페-파- トイレットペ-パ-	온수	오유 お湯
면도기	히게소리 ひげそり	귀중품	키쵸-힌 貴重品
이불	후똔 ふとん	비치품	소나에쯔께 備え付け
담요	모-후 毛布	봉사료	사-비스료- サ-ビス料
베개	마꾸라 枕	취소	캬 세루 キャンセル
빗	부라시 ブラシ	연장	엔죠- 延長

한국어	일본어	
술집	이자까야	居酒屋
찻집	킷사뗀	喫茶店
양식	요-쇼꾸	洋食
중식	츄-까료-리	中華料理
일식	와쇼꾸	和食
후식	데자-토	デザート
삼각김밥	오니기리	おにぎり
밥	고한	ご飯
야채	야사이	野菜
빵	판	パン
케이크	케-키	ケーキ
과일	쿠다모노	果物
프루츠	후루-츠	フルーツ
쇠고기	규-니꾸	牛肉
돼지고기	부따니꾸	豚肉
닭고기	토리니꾸	鶏肉
계란	타마고	卵
해물	카이산부쯔	海産物
씨푸드	시-후-도	シーフード
생선	사까나	魚
새우	에비	えび
회	사시미	刺身
초밥	스시	寿司
덮밥	돔부리	どんぶり

돈까스	**톤카츠** 豚カツ	소금	**시오** 塩
스테이크	**스테-끼** ステーキ	설탕	**사또-** 砂糖
메밀국수	**소바** そば	간장	**쇼-유-** 醬油
라면	**라-멘** ラーメン	된장	**미소** みそ
우동	**우돈** うどん	겨지	**카라시** 芥子
곱빼기	**오-모리** 大盛	식초	**스** 酢
감자튀김	**후렌치후라이포테토** フレンチフライポテト	후추	**코쇼-** 胡椒
햄버거	**함바-가** ハンバーガー	참기름	**고마아부라** ごま油
치즈버거	**치-즈바-가** チーズバーガ	칠리소스	**치리소-스** チリソース
샌드위지	**산도잇치** サンドイッチ	드레싱	**도렛싱구** ドレッシング
샐러드	**사라다** サラダ	물수건	**오시보리** お絞り
아이스크림	**아이스쿠리-무** アイスクリーム	냅킨	**나푸킨** ナフキン

생선	사까나 魚	과일	쿠다모노 果物
새우	에비 海老	사과	링고 りんご
성게	우니 ウニ	배	나시 梨
전복	아와비 アワビ	감	카끼 柑
굴	카끼 カキ	포도	부도− ぶどう
조개	카이 貝	복숭아	모모 桃
문어	타꼬 タコ	귤	미깐 みかん
오징어	이까 イカ	오렌지	오렌지 オレンジ
복어	후구 フグ	수박	스이까 スイカ
꽃게	와따리가니 ワタリガニ	참외	마꾸와우리 マクワウリ
고등어	사바 サバ	멜론	메론 メロン
참치	마구로 アグロ	바나나	바나나 バナナ

파인애플	파이납푸루 パイナップル	양파	타마네기 タマネギ
딸기	이치고 いちご	마늘	닌니꾸 ニンニク
앵두	사쿠란보 サクランボ	생강	쇼-가 しょうが
자두	스모모 スモモ	파	네기 ネギ
토마토	토마토 トマト	부추	니라 ニラ
양배추	캬베츠 キャベツ	깨	고마 ごま
당근	닌진 ニンジン	버섯	키노꼬 きのこ
오이	큐-리 キューリ	무	다이꼰 だいこん
감자	쟈가이모 ジャガイモ	고추	토-가라시 とおがらし
고구마	사쯔마이노 サツマイモ	콩	미메 豆
호박	카보챠 カボチャ	도시락	벤또- 弁当
옥수수	도오모로꼬시 とうもろこし	재식주의지	베지테리안 ベジテリアン

구운	**야이따** 焼いた	맵다	**카라이** 辛い
삶은	**니따** 煮た	짜다	**숍빠이** 塩っぱい
찐	**무시따** 蒸した	시다	**습빠이** 酸っぱい
볶은	**이따메따** 炒めた	싱겁다	**우스이** うすい
절인	**쯔메따** 詰めた	달콤하다	**아마이** 甘い
튀긴	**아게따** 揚げた	쓰다	**니가이** 苦い
끓인	**와까시따** 沸かした	떫다	**시부이** 渋い
날것	**나마** 生	담백하다	**탐빠꾸다** 淡泊だ
수타	**테우치** 手打ち	느끼하다	**아부락꼬이** 油っこい
		고소하다	**코ー바시이** 香ばしい
		부드럽다	**야와라까이** 柔らかい

*** * ***

술	**오사께** お酒	커피	**코-히-** コーヒー
생맥주	**나마비-루** 生ビール	냉커피	**아이스코-히-** アイスコーヒー
와인	**와인** ワイン	녹차	**오챠** お茶
소주	**쇼-츄-** 焼酎	홍차	**코-챠** 紅茶
위스키	**우이스키-** ウイスキー	아이스티	**아이스티-** アイスティー
칵테일	**칵테루** カクテル	생과일주스	**후루-츠쥬-스** フルーツジュース
정종	**니혼슈** 日本酒	사이다	**사이다-** サイダー
음료수	**노미모노** 飲み物	콜라	**코-라** コーラ
생수	**미네라루워-타-** ミネラルウォーター	우유	**규-뉴- 미루쿠** 牛乳·ミルク
끓는 물	**오유** お湯	쉐이크	**쉐-쿠** シェーク
		카페라테	**카훼라테** カフェラテ

택시	타쿠시ー タクシー	좌석	자세끼 座席
지하철	치까떼쯔 地下鉄	짐	니모쯔 荷物
기차	렛샤 列車	창가자리	마도가와노세끼 窓側の席
배	후네 船	노약자석	시루바ー시ー토 シルバーシート
버스	바스 バス	주유소	가소린스탄도 ガソリンスタンド
리무진버스	리무진바스 リムジンバス	시간표	지꼬꾸효ー 時刻表
고속버스	코ー소꾸바스 高速バス	프리패스	후리ー파스 フリーパス
하토버스	하또바스 はとバス	전화카드	테레혼카ー도 テレホンカード
버스정류장	바스떼ー バス停	국제전화	코꾸사이뎅와 国際電話
버스터미널	바스타ー미나루 バスターミナル		

주차장	츄-샤죠- 駐車場
무료	무료- 無料
유료	유-료- 有料
빈 차	쿠-샤 空車
만차	만샤 満車
입구	이리구치 入口
출구	데구치 出口

주차금지구역	츄-샤킨시꾸이끼 駐車禁止区域
장애인 전용	쇼-가이샤센요- 障害者専用
고객 전용	쿄꺄꾸센요- 顧客専用

한국어	일본어		한국어	일본어
			절	**오떼라** お寺
관광	**캉꼬－** 観光		신사	**진쟈** 神社
체험관광	**타이껜쯔아－** 体験ツアー		성	**시로** 城
팜플렛	**팡후렛토** パンフレット		산	**야마** 山
가이드	**가이도** ガイド		바다	**우미** 海
구경	**켐부쯔** 見物		섬	**시마** 島
축제	**오마쯔리** お祭り		호수	**미즈우미** 湖
지도	**치즈** 地図		폭포	**타키** 滝
탈것	**노리모노** のりもの		강	**카와** 川
코스	**코－스** コース		등산	**토잔** 登山

미술관	비쥬쯔깐 美術館	공원	코-엔 公園
박물관	하꾸부쯔깐 博物館	온천	온센 温泉
동물원	도-부쯔엔 動物園	노천온천	로뗀부로 露天風呂
영화관	에-가깐 映画館	낚시	쯔리 つり
경기장	스타지아무 スタジアム	불꽃놀이	하나비 花火
수족관	스이조꾸깐 水族館	스모	스모- 相撲
전시실	텐지시쯔 展示室	가부키	카부끼 歌舞伎
전망대	템보-다이 展望台	사진	샤신 写真
PC방	인타-네ㄷ토카훼 インターネットカフェ	입장	뉴-죠- 入場
노래빙	카라오케 カラオケ	이른	오또나 大人
뮤지컬	뮤-지카루 ミュージカル	아이	코도모 子供
콘서트	콘사-토 コンサ-ト	화장실	토이레 トイレ

쇼핑

전기제품	덴끼세-힌 電気製品	카메라	카메라 カメラ
		디카	데지카메 デジカメ
점포정리 세일	헤-뗀세-루 閉店セール	컴퓨터	파소콘 パソコン
가격인하	네비끼 値引き	노트북	노-토파소콘 ノートパソコン
신용카드	쿠레짇토카-도 クレジットカード	CD	시-디- シーディー
백화점	데파-토 デパート	DVD	디-브이디- ディーブイディー
면세점	멘제-뗀 免税店	만화	망가 漫画
기념품가게	키넹힌숍푸 記念品ショップ	장난감	오모챠 おもちゃ
편의점	콤비니 コンビニ	악세서리	아쿠세사리 アクセサリ
시장	이치바 市場	부채	우치와 うちわ
슈퍼마켓	스-파-마-케ㄷ토 スーパーマーケット	우산	카사 傘
서점	홍야 本屋	티슈	팃슈 ティッシュ

책	혼 本	개점	카이뗀 開店
술	오사께 酒	폐점	헤-텐 閉店
담배	타바꼬 たばこ	중고	츄-꼬 中古
옷	후꾸 服	할인	와리비끼 割引
색깔	이로 色	잔돈	코제니 小銭
디자인	데자인 デザイン	품절	우리끼레 売り切れ
사이즈	사이즈 サイズ	비닐봉투	비니-루부꾸로 ビニール袋
일본과자	와가시 和果子	가격	네단 値段
선물	프레젠토 プレゼント	영수증	레시-토 レシート
수영복	미즈기 水着	쿠폰	쿠-퐁 クーポン
선글라스	산그라스 サングラス	유통기한	쇼-미키겐 嘗味期限
일본제	니혼세- 日本製	교환	코-깐 交換
최신형	사이신가따 最新形	환불	하라이보도시 払いもどし

모자	보-시 帽子	안경	메가네 めがね
손수건	항카치 ハンカチ	구두	쿠쯔 靴
스카프	스카-후 スカーフ	부츠	부-츠 ブーツ
장갑	테부꾸로 手袋	하이힐	하이히-루 ハイヒール
목도리	마후라- マフラー	샌들	산다루 サンダル
양말	쿠쯔시따 靴下	향수	코-스이 香水
가방	카반·박쿠 かばん·バック	반지	유비와 指輪
핸드백	한도박쿠 ハンドバック	목걸이	넥쿠레스 ネックレス
숄더백	쇼루다-박쿠 ショルダーバック	귀걸이	이야링구 イヤリング
넥타이	네쿠타이 ネクタイ	팔찌	브레스레ㄷ토 ブレスレット
벨트	베루토 ベルト	브로치	브로-치 ブローチ
손목시계	우데도께- 腕時計	보석	호-세끼 宝石

의류	**이루이** 衣類
상의	**우와기** 上着
블라우스	**부라우스** ブラウス
치마	**스카ー토** スカート
스웨터	**세ー타ー** セーター
원피스	**완피ー스** ワンピース
속옷	**시따기** 下着
셔츠	**샤츠** シャツ
양복	**스ー츠** スーツ
바지	**즈본·판츠** ズボン·パンツ
기모노	**키모노** 着物

옷감	**키지** 生地
면	**모멘** 木綿
순모	**쥰모ー** 純毛
마	**아사** 麻
실크	**시루쿠** シルク
나일론	**나이론** ナイロン
아크릴	**아쿠리루** アクリル
폴리에스테르	**포리에스테루** ポリエステル

화장품	케쇼-힌 化粧品	싼	야스이 安い
매니큐어	마니큐아 マニキュア	비싼	타까이 高い
선크림	히야케도메 日焼け止め	짧은	미지까이 短い
팩	팍쿠 パック	긴	나가이 長い
립스틱	립푸스틱쿠 リップースティック	화려한	하데나 派手な
기름종이	아부라또리가미 油とり紙	수수한	지미나 地味な
피부	하다 肌	진한	코이 濃い
건성	칸소- 乾燥	옅은	우스이 薄い
지성	아부라쇼- 脂性	어두운	쿠라이 暗い
중성	후쯔- 普通	밝은	아까루이 明るい
복합성	콘고- 混合	무거운	오모이 重い
민감성	빙깐 敏感	가벼운	카루이 軽い

탁한	니곧떼이루 濁っている	노란색	키이로 黄色
더 큰	모ㄷ또오-끼이 もっと大きい	베이지색	베-쥬이로 ベージュ色
더 작은	모ㄷ또치이사이 もっと小さい	갈색	챠이로 茶色
딱 맞는	피ㄷ따리나 ぴったりな	카키색	카-키이로 カーキ色
헐렁한	유루이 ゆるい	연두색	키미도리 黄緑

***

검정색	쿠로 黒	초록색	미도리 緑
흰색	시로 白	하늘색	미즈이로 水色
회색	구레- グレー	파란색	아오 青
빨간색	아까 赤	감색	콩이로 紺色
분홍색	핑쿠 ピンク	보리색	무라사끼 紫
수황색	우렌지이로 オレンジ色	금색	킹이로 金色
		은색	깅이로 銀色

구급차	큐-뀨-샤 救急車	진찰	신-사쯔 診察
혈압	케쯔아쯔 血圧	입원	뉴-인 入院
생리	세-리 生理	수술	슈쥬쯔 手術
임신	닌신 妊娠	내과	나이까 内科
맥박	먀꾸햐꾸 脈拍	외과	게까 外科
소변검사	쇼-벤켄사 小便検査	치과	시까 歯科
지병	지뵤- 持病	안과	간까 眼科
화상	야께도 火傷	산부인과	후진까 婦人科
타박상	다보꾸쇼- 打撲傷	소아과	쇼-니까 小児科
소화불량	쇼-까후료- 消化不良	정형외과	세-께-게까 整形外科
식중독	쇼꾸츄-도꾸 食中毒	성형외과	비요-게까 美容外科

진통제	친쯔-자이 鎮痛剤	일회용밴드	큐-뀨-반소-꼬- 救急ばんそうこう
아스피린	아스피린 アスピリン	반창고	반소-꼬- ばんそうこう
소화제	쇼-까자이 消化剤	붕대	호-따이 包帯
위장약	이구스리 胃薬	가제	가-제 ガーゼ
변비약	벰삐야꾸 便秘薬	탈지면	닷시멘 脱脂綿
해열제	게네쯔자이 解熱剤	파스	십뿌 湿布
멀미약	요이도메 酔い止め	마스크	마스쿠 マスク
소독약	쇼-도꾸야꾸 消毒薬	수면제	스이민야꾸 睡眠薬
안약	메구스리 目薬	연고	난꼬- 軟膏
감기약	카제구스리 風邪薬	구급상자	큐-뀨-바꼬 救急箱

친구	토모다치 友だち	취미	슈미 趣味
남자친구	카레시 彼氏	사진촬영	샤신사쯔에ー 写真撮影
여자친구	카노죠 彼女	독서	도꾸쇼 読書
애인	코이비또 恋人	댄스	단스 ダンス
가족	카조꾸 家族	게임	게ー무 ゲーム
부모님	고료ー신 ご両親	축구	삭카ー サッカー
메일친구	메루또모 メルとも	음악	옹가꾸 音楽
메일주소	메ー루아도레스 メールアドレス	스포츠	스포ー츠 スポーツ
연락처	렌라꾸사끼 連絡先	여행	료꼬ー 旅行

별자리	세이자 星座	혈액형	케쯔에끼가따 血液型
염소자리	야기자 山羊座	A형	에-가따 A型
물병자리	미즈가메자 水瓶座	B형	비-가따 B型
물고기자리	우오자 魚座	O형	오-가따 O型
양자리	오히쯔지자 牡羊座	AB형	에-비가따 AB型
황소자리	오우시자 牡牛座		***
쌍둥이자리	후따고자 双子座	영화	에-가 映画
게자리	카니자 蟹座	장르	쟌루 ジャンル
사자자리	시시자 獅子座	공포영화	호라-무-비 ホラームービー
처녀자리	오또메자 乙女座	로맨틱코메디	라부코메 ラブコメ
천칭자리	템빈자 天秤座	애니메이션	아니메 アニメ
전갈지리	사소리자 蠍座	SF	에스에후 エスエフ
사수자리	이떼자 射手座	액션	아쿠숀 アクション

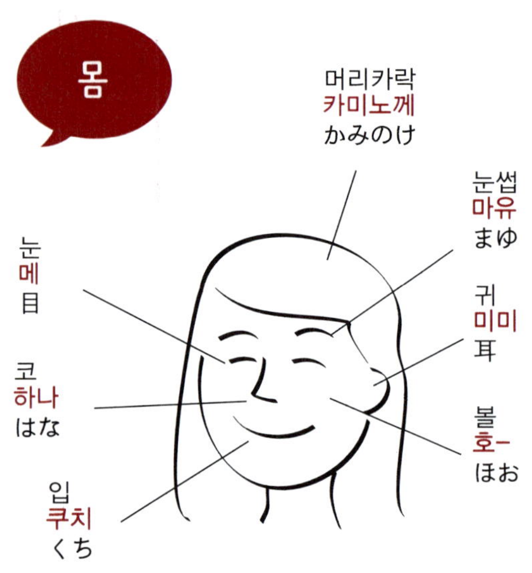

몸

머리카락
카미노께
かみのけ

눈썹
마유
まゆ

귀
미미
耳

볼
호ー
ほお

눈
메
目

코
하나
はな

입
쿠치
くち

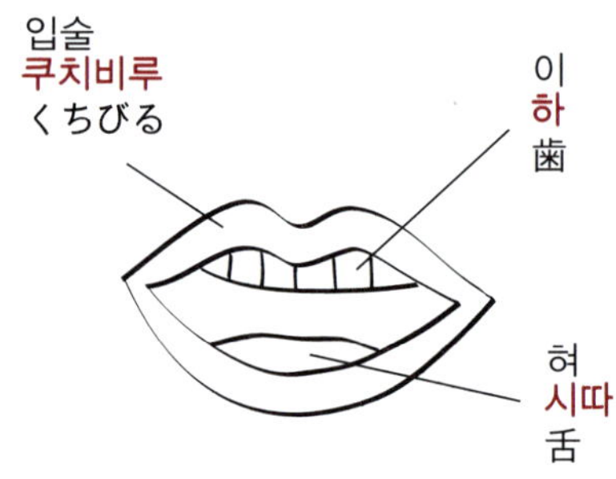

입술
쿠치비루
くちびる

이
하
歯

혀
시따
舌

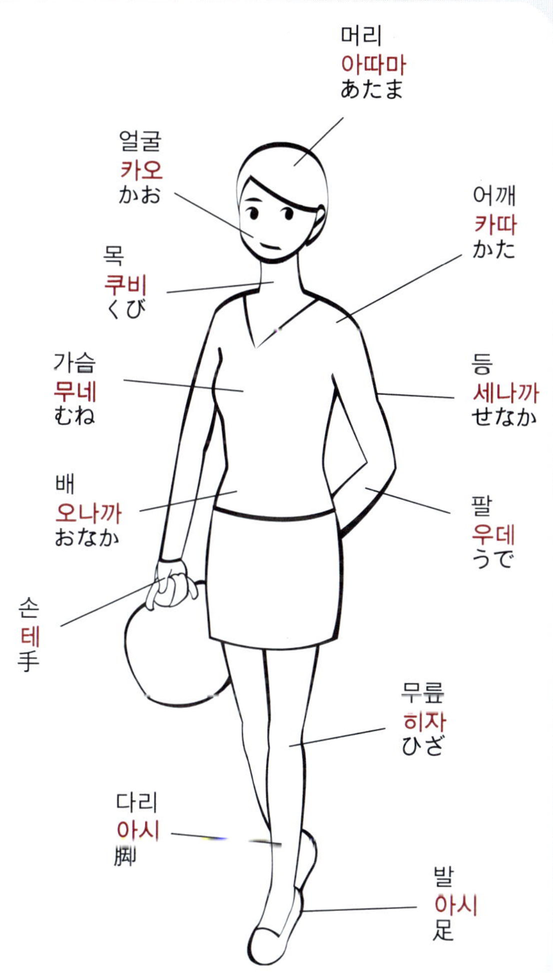

머리
아따마
あたま
얼굴
카오
かお
목
쿠비
くび
가슴
무네
むね
배
오나까
おなか
손
테
手
어깨
카따
かた
등
세나까
せなか
팔
우데
うで
무릎
히자
ひざ
다리
아시
胸
발
아시
足

표지판 읽기

24시간 영업	終日営業	슈-지쯔에-교-
개찰구	改札口	카이사쯔구치
경고	警告	케-꼬꾸
경찰서	警察署	케-사쯔쇼
고장	故障中	코쇼-츄-
공사중	工事中	코-지츄-
공중전화	公衆電話	코-슈-뎅와
균일가 100엔	100円均一	햐꾸엔킹이쯔
금연	禁煙	킹엔
금일개점	本日開店	혼지쯔카이뗀
낙석주의	落石注意	라꾸세끼츄-이
난방중	暖房中	담보-츄-
내부수리중	内部修理中	나이부슈-리츄-
냉방중	冷房中	레-보-츄-

동물에게 음식을 주지 마시오	エサを 与えない で ください	에사오 아따에나이 데 쿠다사이
머리조심	頭上注意	즈-죠-츄-이
마음껏 드시고 1000엔	食べ放題 1000円	타베호-다이 셍엔
막다른 길	行き止まり	유끼도마리
만실	満空	만시쯔
만차	満車	만샤
매점	売店	바이뗀
매진	売り切れ	우리끼레
매표소	切符売り場	킵뿌우리바
먹는 물	飲み水	노미미즈
멈춤	止まれ	토마레
문을 닫으시오	開放厳禁	카이호-겐낀
미성년자 출입금지	未成年者 出入禁止	미세-넨샤 타치이리킨시
반품 사절	返品謝絶	헴삔샤제쯔
분실물취급소	遺失物取扱所	이시쯔부쯔 토리아쯔까이죠

불조심	火の用心	히노요-진
비매품	非売品	히바이힌
사용금지	使用禁止	시요-킨시
사용기한 3일	通用期限3日間	쯔-요-키겐믹까깐
사용중	使用中	시요-츄-
산지직송	産地直送	산치쵸꾸소-
서행	徐行	죠꼬-
선불	先払	사끼바라이
셀프서비스	セルフサービス	세루후사-비스
손대지 마시오	手を 触れないで ください	테오 후레나이데 쿠다사이
수리중	修理中	슈-리츄-
수하물 취급소	手荷物取扱所	테니모쯔 토리아쯔까이죠
연중무휴	年中無休	넨쥬-무큐-
영업중	商い中	아끼나이츄-
예약제	予約制	요야꾸세-
우체국	郵便局	유-빙꾜꾸

우회전금지	右折禁止	우세쯔킨시
월요일 휴관	月曜定休日	게쯔요-테-뀨-비
월정주차장	月極駐車場	쯔끼기메츄-샤죠-
위험	危険	키껜
유통기한:제조일 로부터 1년 이내	賞味期限：製造日 より1年以内	쇼-미키겐:세-조비 요리 이치넨이나이
음식물반입금지	食物 持ち込み禁止	타베모노 모치꼬미킨시
일방통행	一方通行	입뽀-쯔-꼬-
임시휴업	臨時休業	린지큐-교-
입구	入口	이리구치
입장무료	入場無料	뉴-죠-무료-
자동판매기	自動販売機	지도-함바이끼
자진거도로	自転車専用道路	지벤샤센요-도-로
잔디에 들어가지 마시오	芝生立ち入り 禁止	시바후타치이리 킨시
점검중	一時使用禁止	이치지시요-킨시
접수	受付	우께쯔께

정기휴일	定期休日	테-끼큐-지쯔
정숙	静粛	세-슈꾸
정차금지	停車禁止	테-샤킨시
좌측통행	左側通行	히다리가와쯔-꼬-
주의	注意	츄-이
주차금지	駐車禁止	츄-샤킨시
진입/출입금지	立ち入り禁止	타치이리킨시
청소중	掃除中	소-지츄-
촬영금지	撮影禁止	사쯔에-킨시
추월금지	追い越し禁止	오이꼬시낀시
출구	出口	데구치
출구전용	出口専用	데구치센요-
취급주의	取り扱い注意	토리아쯔까이츄-이
통행금지	通行禁止	쯔-코-킨시
파출소	交番	코-반
폐문	締め切り	시메끼리
폐점	閉店	헤-뗀

포장(식당에서)	お持ち帰り	오모치까에리
품절	品切れ	시나기레
화장실	トイレ	토이레
환전소	両替所	료-가에죠
회원제	会員制	카이인세-
횡단금지	横断禁止	오-단킨시
휴대폰사용금지	携帯使用禁止	게-띠이시요-킨시
휴업	休業	큐-교-
휴지통	ゴミ箱	고미바꼬
흡연구역	喫煙所	키쯔엔죠

	あ단 (아)	い단 (이)	う단 (우)	え단 (에)	お단 (오)
	あ 아	い 이	う 우	え 에	お 오
	か 카	き 키	く 쿠	け 케	こ 코
	さ 사	し 시	す 스	せ 세	そ 소
	た 타	ち 찌/치	つ 쯔/츠	て 테	と 토
	な 나	に 니	ぬ 누	ね 네	の 노
	は 하	ひ 히	ふ 후	へ 헤	ほ 호
	ま 마	み 미	む 무	め 메	も 모
	や 야		ゆ 유		よ 요
	ら 라	り 리	る 루	れ 레	ろ 로
	わ 와				を 오
	ん 응				

カタカナ 카타카나

ア 아	イ 이	ウ 우	エ 에	オ 오
カ 카	キ 키	ク 쿠	ケ 케	コ 코
サ 사	シ 시	ス 스	セ 세	ソ 소
タ 타	チ 찌/치	ツ 쯔/츠	テ 테	ト 토
ナ 나	ニ 니	ヌ 누	ネ 네	ノ 노
ハ 하	ヒ 히	フ 후	ヘ 헤	ホ 호
マ 마	ミ 미	ム 무	メ 메	モ 모
ヤ 야		ユ 유		ヨ 요
ラ 라	リ 리	ル 루	レ 레	ロ 로
ワ 와				ヲ 오
ン 응				

memo

memo

여행이 ★ 즐거워지는 ★ 일본어

초판 발행 2007년 7월 20일
20쇄 발행 2024년 6월 25일

펴낸이 | 이규인
펴낸곳 | 도서출판 **창**
등록번호 | 제15-454호
등록일자 | 2004년 3월 25일
주소 | 서울특별시 마포구 대흥로4길 49, 1층(용강동 월명빌딩)
전화 | 02)322-2686,2687 팩스 | 02)326-3218
e-mail | changbook1@hanmail.net
홈페이지 | www.changbook.co.kr

감수 | 이치우 · 민미순
편집 | 이세영 · 이은우

ISBN 978-89-7453-141-6 13730
정가 6,000원

*잘못 만들어진 책은 〈도서출판 창〉에서 바꾸어 드립니다.